La Maravillosa Historia de Jesús

Historias bíblicas para niños

Diana Baker

Copyright 2017 by Diana Baker
© 2017 Editorialimagen.com

Todos los derechos reservados. Ninguna parte de este libro puede ser reproducida por cualquier medio sin el permiso escrito del autor, a excepción de porciones breves citadas con fines de revisión.

Todas las referencias bíblicas son de la versión Traducción en lenguaje actual (TLA) Copyright © 2000 by United Bible Societies excepto donde se indica: Palabra de Dios para Todos (PDT) © 2005, 2008, 2012 Centro Mundial de Traducción de La Biblia © 2005, 2008, 2012 World Bible Translation Center. Dios Habla Hoy (DHH) Dios habla hoy ®, © Sociedades Bíblicas Unidas, 1966, 1970, 1979, 1983, 1996. La Biblia de las Américas (LBLA) Copyright © 1986, 1995, 1997 by The Lockman Foundation.

Ilustraciones por: José Roberto Reina

CATEGORÍA: Libros Cristianos/Libros Infantiles

Printed in the United States of America

ISBN-10: 1-64081-029-3
ISBN-13: 978-1-64081-029-7

ÍNDICE

Introducción 1
El niño prometido desde siglos 3
Un sacerdote mudo 4
Una visita para Elizabeth 5
El sueño de José 7
El nacimiento de Juan el Bautista 8
Una noche para recordar 8
Las primeras visitas 10
Jesús es presentado en el templo 11
Visitas del oriente 13
Un viaje inesperado 16
Jesús en el templo de Jerusalén 17
Juan el Bautista 19
Jesús a solas en el desierto 22
Jesús escoge sus primeros discípulos 23
Invitado a una boda 25
El templo hecho un mercado 26
Nicodemo 27
Una pregunta para Juan el Bautista 30
Una conversación junto al pozo de Jacob 30
El hijo del noble 33
La multitud que quería un milagro 34
En Capernaúm 35
Una pesca milagrosa 37
Un enfermo es bajado por el techo 38
Jesús sana a un leproso 40
Mateo cambia de vida 40
Jesús sana en el día de reposo 42
Los doce discípulos 43
El sermón del monte 44
La casa sobre la roca y la casa sobre la arena 47
Jesús sana el sirviente de un capitán romano 48
Jesús resucita un joven muerto 49
La parábola del sembrador 49
La parábola del trigo y la cizaña 50
Jesús calma el viento y las olas 51
La hija de Jairo 52
Un rey con miedo 54
Los discípulos preparan el camino para Jesús 56

Jesús alimenta a cinco mil personas	57
Jesús camina sobre las aguas	58
Los enemigos de Jesús	60
Jesús sana a toda clase de enfermos	62
Jesús da de comer a más de cuatro mil personas	63
Una pregunta para los discípulos	65
Una gloriosa transformación sobre la montaña	66
La fiesta de los tabernáculos	68
Jesús enseña en el templo	69
Jesús, la luz del mundo	70
Jesús sana a un ciego de nacimiento	72
Jesús, el buen pastor	74
Unos hermanos que amaban a Jesús	75
Jesús enseña sobre la oración	76
Un samaritano compasivo	77
Oposición en Jerusalén	78
La parábola de la oveja perdida	79
El hijo que se fue de casa	80
Lázaro	82
El descontento de los líderes religiosos	85
Jesús sana a diez leprosos	86
La parábola de la viuda y el juez injusto	87
La parábola del fariseo y el publicano	87
Jesús recibe a los niños	88
Un joven rico	89
Jesús anuncia su muerte	90
Bartimeo, un hombre ciego	91
Zaqueo	91
María unge a Jesús con perfume	94
Jesús entra a Jerusalén como rey	96
La purificación del templo	97
Los fariseos hacen una pregunta	98
El mandamiento más importante	100
La ofrenda de la viuda	100
Jesús conversa con los discípulos	101
Judas traiciona a Jesús	102
Preparación para la cena de recordación	103
Jesús lava los pies de los discípulos	104
La última cena	105
Una cena para recordar siempre	106
La última conversación de Jesús con los discípulos	107

- Jesús advierte a Pedro 108
- En el jardín de Getsemaní 109
- Jesús es arrestado 111
- Pedro niega a Jesús 112
- Jesús ante el sumo sacerdote 113
- El fin de Judas 114
- Jesús ante Poncio Pilato 115
- Jesús ante Pilato por segunda vez 116
- Se mofan de Jesús 118
- Llevar la cruz 119
- Gólgota 120
- Jesús agoniza 122
- Jesús es sepultado 123
- El día de reposo 124
- La tumba vacía 125
- Las primeras visitas a la tumba 125
- Pedro y Juan corren a la tumba 126
- María Magdalena va a la tumba 127
- En camino a Emaús 128
- Jesús aparece a los discípulos 130
- Jesús se reune con sus amigos 131
- Los discípulos regresan a Galilea 131
- Jesús habla con Pedro 132
- Jesús es visto muchas veces 133
- Jesús sube al cielo 134
- Más Libros de Interés 139

Introducción

Esta historia es una historia verdadera y sucedió hace poco más de dos mil años en un país llamado Israel, en el medio oriente sobre la orilla del Mar Mediterráneo.

La historia de Jesús es una historia verdadera. Está registrada en el Nuevo Testamento de la Biblia que es la Palabra de Dios, por eso sabemos que es verdad.

La historia de Jesús es la historia de amor más maravillosa. No es como ninguna otra porque nos cuenta del amor de Dios tan, tan grande por nosotros, los hombres, que estuvo dispuesto a enviar a su Hijo desde el Cielo a la Tierra para darnos el mejor regalo: ¡vivir para siempre!

En el libro de Juan 3:16 dice: *"Pues Dios amó tanto al mundo, que dio a su Hijo único, para que todo aquel que cree en él no muera, sino que tenga vida eterna."* (DHH)

La historia de Jesús es también una historia de esperanza y alegría porque podemos saber que nuestra vida no termina aquí sino que continuará en el Cielo si creemos en él.

Cuando Jesús ya se hizo adulto y empezó su ministerio se trasladaba a muchos sitios, a veces en repetidas ocasiones. Es interesante saber dónde ocurrió cada suceso. El siguiente mapa te ayudará a visualizar todo lo que se relata a continuación.

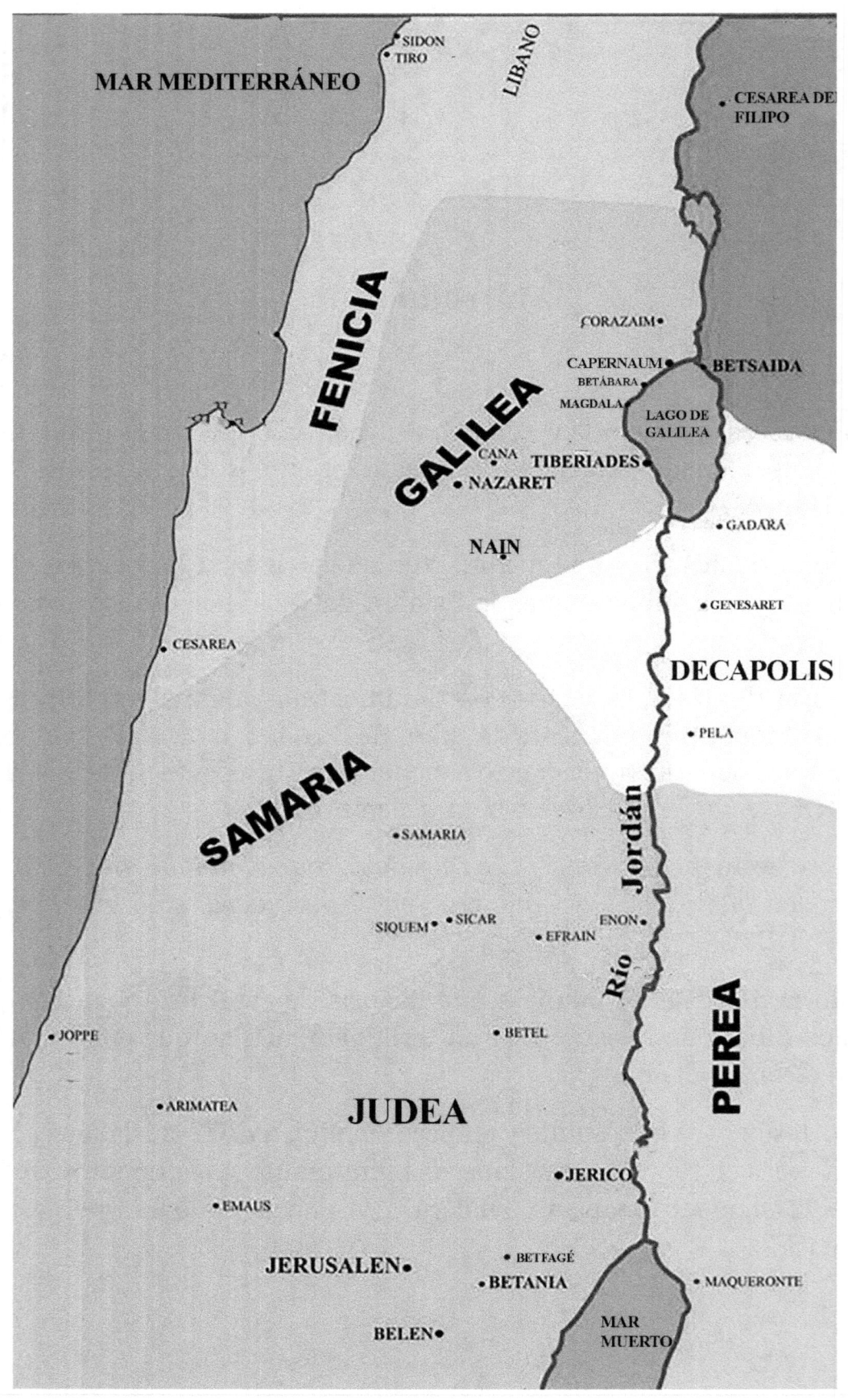

El niño prometido desde siglos

Realmente la historia de Jesús no comienza con la narración de su nacimiento, al inicio del Nuevo Testamento. La venida de Jesús fue anunciada desde el comienzo de la historia bíblica, muchísimos siglos antes.

En el primer libro de la Biblia leemos que Dios le dio la promesa a Eva cuando le dijo que llegaría el día cuando uno de sus hijos vencería a Satanás, el engañador. Satanás fue quien trajo el pecado y la muerte a la Tierra cuando tentó a Eva a desobedecer a Dios. Este niño maravilloso que vendría, traería, una vez más, la bondad y la vida eterna al hombre.

Muchos años más tarde Dios le prometió a Abraham que este niño sería uno de sus descendientes y que todas las naciones de la Tierra serían benditos en él. Mil novecientos años habían transcurrido desde ese tiempo pero el pueblo judío seguía esperando y anhelando ese niño especial.

El gran profeta de Dios, Isaías, quien vivió setecientos años antes del nacimiento de Jesús, predijo el cumplimiento de esta promesa y dijo estas palabras: *"Nos ha nacido un niño, Dios nos ha dado un hijo, al cual se le ha concedido el poder de gobernar. Y le darán estos nombres: Admirable en sus planes, Dios invencible, Padre eterno, Príncipe de la paz."* Isaías 9:6 (DHH)

El profeta Miqueas también había predicho que este niño admirable nacería en la ciudad de Belén.

Además, Dios dio otras promesas acerca de este niño que él enviaría. Como puedes imaginar, era el anhelo de toda mujer judía tener un hijo varón. Y en lo profundo de su corazón, toda mujer judía deseaba ardientemente que el niño prometido desde hacía tanto tiempo, naciera por medio de ella.

Por fin llegó ese tiempo cuando el niño había de nacer. Dios envió un mensajero para anunciar su llegada. Este mensajero se llamaba Juan.

Un sacerdote mudo
Lucas 1 - Hebrón

Jesús nació en Israel, la tierra de los judíos. Los judíos habían estado esperando durante muchos siglos, el cumplimiento de la promesa hecha primeramente a Eva.

Unos seis meses antes que Jesús naciera también nació otro varoncito muy especial llamado Juan. Era especial porque Dios lo eligió como el mensajero que anunciaría la llegada del niño tan esperado por siglos y siglos. Ese niño tan esperado era Jesús.

La historia de Jesús realmente empieza con la también sobrenatural historia de Juan. Los padres de Juan, Zacarías y Elizabeth que amaban a Dios de todo corazón, ya eran mayores y aunque habían deseado un hijo toda la vida, ese niño nunca había llegado. Estaban tristes porque ya había pasado el tiempo de tener hijos - ya era demasiado tarde. Pero para Dios, nada es imposible y ahora él quería mostrar a todos que Juan sería una persona especial. ¡Y Dios hizo un milagro!

Zacarías era sacerdote y trabajaba en el templo. Él debía preparar el incienso sobre el altar cuando la gente iba a orar y adorar a Dios. Un día cuando Zacarías estaba ofreciendo el incienso en el santuario del Señor, se le apareció un ángel grande a la derecha del altar ¡y se asustó! pero el ángel le dijo amablemente: "Zacarías, no tengas miedo. Dios ha escuchado tu oración y tu esposa tendrá un hijo varón y serán muy felices. Lo debes llamar Juan. Tendrá una misión muy especial. Por medio de él muchos se acercarán a Dios y él preparará a la gente para la venida de aquel niño bendito que ha sido prometido desde hace tanto tiempo."

Zacarías estaba muy sorprendido. Entonces le preguntó al ángel: "¿Cómo podré saber que lo que me has dicho es cierto? Mi esposa y yo somos viejos y ya no podemos tener hijos."

Esta pregunta no era la correcta y Zacarías no debía haber dudado. El ángel le contestó: "Yo soy Gabriel que estoy siempre delante de Dios, en su misma presencia. Él me ha enviado para darte esta buena noticia. Pero porque no creíste el mensaje, te quedarás mudo hasta que nazca el bebé."

Mientras tanto, la gente afuera estaba preocupada y se preguntaba por qué no salía Zacarías y por qué se había demorado tanto tiempo en el templo. Por fin cuando salió les hizo entender por señas que él ya no podía hablar.

Y luego de unos días cuando había terminado su trabajo, volvió a casa y le explicó a Elizabeth lo que había sucedido. Elizabeth estaba muy, muy feliz de saber que Dios la amaba tanto para hacer un milagro en su cuerpo y darle un hijo.

Una visita para Elizabeth
Lucas 1 - Hebrón

Cuando Elizabeth llevaba unos seis meses de embarazo y su barriga ya era bastante grande, le vino a visitar una prima de la ciudad de Nazaret, que quedaba bastante lejos del pueblo de Judea donde vivía Elizabeth. Esta prima se llamaba María, una dulce joven que también amaba mucho a Dios y que estaba comprometida para casarse con un hombre bueno llamado José.

María venía a compartir una noticia maravillosa con su prima Elizabeth.

Esto es lo que había sucedido: un día cuando María se encontraba sola el ángel Gabriel se le apareció y le dijo que Dios estaba muy contenta con ella y le daría el honor más grande de toda mujer. Dios le daría un hijo que también sería hijo de Dios Altísimo quien sería Rey por siempre. ¡Este era el niño que el pueblo judío había estado esperando por siglos! ¡Este era el varón prometido a Eva y a Abraham!

María le preguntó: "¿Cómo puedo tener un hijo si aún no estoy casada?"

Entonces el ángel le contó que su hijo no tendría un padre terrenal sino que sería Hijo de Dios mismo. Y como sería Hijo de Dios y también de María, sería tanto Dios y hombre. Su nacimiento sería un milagro, algo que solamente Dios podría lograr.

María se dio cuenta que Dios le había concedido un gran privilegio así que dijo humildemente: "Estoy dispuesta a ser la sierva del Señor y que sea como me has dicho."

¿Te imaginas el inmenso gozo que llenó el corazón de María? No sabía cómo contener su alegría. Además, el ángel le había contado otra buena noticia: que su prima Elizabeth estaba embarazada. Qué gran sorpresa, ¡dos milagros en la misma familia!

Fue por eso que María decidió visitar a Elizabeth. Quería contarle la gran noticia que iba a ser madre de un bebé tan especial. Además, quería ver a su amada prima que también llevaba un bebé muy especial en su vientre.

Cuando llegó a la casa de Elizabeth, en el momento que María saludó a su prima, el bebé dentro del vientre de Elizabeth dio un pequeño salto. Y entonces Elizabeth se dio cuenta que algo grande estaba por suceder y dijo en voz alta a María: "Tú eres una mujer bendita por Dios. Y tú tendrás un hijo bendito. Es un gran honor que la madre de mi Señor venga aquí a visitarme."

Y María también sintió que ese era un momento especial así que alabó a Dios diciendo: "Estoy llena de amor y alabanza por Dios. Él me ha dado el más grande de los honores. Aunque soy una joven muy sencilla, el mundo entero me llamará bendita por siempre."

Sí, fue un momento muy especial el que vivieron estas dos mujeres aquel día. Ambas habían sido elegidas por Dios para ser madres de una manera sobrenatural. Tenían muchas cosas que compartir y María se quedó allí con Elizabeth tres meses. Luego volvió a Nazaret. Debía prepararse para su propio embarazo...y para contarle a su comprometido, José, la cosa asombrosa que le había pasado.

El sueño de José
Mateo 1 - Nazaret

Pero Dios ya se había encargado de contarle a José.

Una noche, mientras dormía, José tuvo un sueño de lo más inusual. En el sueño le visitó un ángel y le dijo que debía casarse con María y que ella tendría un hijo que sería Hijo de Dios y debía ponerle por nombre Jesús, que significa Salvador, porque salvaría su pueblo de sus pecados.

Cuando José se despertó sabía que Dios le había enviado este ángel con este mensaje tan importante y recordó la promesa de Isaías 7:14 que dice:

"La virgen quedará embarazada y tendrá un hijo que será llamado Emanuel (que significa 'Dios con nosotros')."

José se dio cuenta que ahora se iba a cumplir esta profecía en su esposa, María. Qué privilegio para él. Se sentía muy agradecido a Dios.

El nacimiento de Juan el Bautista
Lucas 1 - Hebrón

Cuando habían pasado los nueve meses, Elizabeth dio a luz a su hijo, enviado por Dios. Ella y Zacarías estaban muy gozosos al igual que todos sus parientes y vecinos.

Era costumbre que a los ocho días se dedicara el bebé a Dios y todos los amigos y parientes vinieron a celebrar juntos ese momento tan especial. Estaban ansiosos de ver al pequeño Zacarías pero Elizabeth les dijo: "No, no se llama Zacarías. Se llama Juan". A todos les parecía muy raro. No había nadie en la familia llamado Juan. Y un nombre era un asunto muy importante.

Entonces se acercaron a Zacarías para ver qué opinaba. Como Zacarías aún no podía hablar, les pidió que le dieran una tablilla para escribir. Y allí escribió: "Su nombre es Juan." Y en ese momento Zacarías pudo hablar nuevamente y lo primero que hizo fue alabar a Dios por toda Su bondad y porque estaba por enviar al mundo el niño prometido que habían esperado por tanto años. Luego Zacarías miró a su bebé y profetizó diciendo: "Y tú, hijo mío, serás llamado profeta del Altísimo, porque tú irás delante del Señor para preparar sus caminos."

Toda la gente presente se llenó de asombro y se preguntaba quién sería este niño, ya que era evidente que era muy especial y que la mano de Dios estaba sobre él.

El pequeño Juan creció y llegó a ser un niño fuerte y noble. Le gustaba estar solo y así poder pensar en Dios. Cuando se hizo joven se fue a vivir en el desierto para poder prepararse para la obra que Dios le había encomendado - debía anunciar la venida al mundo del mismo Hijo de Dios.

Una noche para recordar
Lucas 2 - Belén

En aquellos días, el pueblo judío vivía oprimido por los romanos quienes gobernaban la mayor parte del mundo conocido. Los romanos habían conquistado aquellos países, y el emperador romano, Augusto César, ordenó que por ley todos debían pagar impuestos al gobierno romano.

Cuando María estaba embarazada se hizo una ley para empadronar a toda la gente; de ese modo todos debían ir a su ciudad de nacimiento para empadronarse y pagar los impuestos. Y a José y María les tocó viajar a Belén, un pueblito muy cerca de Jerusalén. Aunque ellos vivían en Nazaret, José era de la familia de David y David había vivido en Belén. Habrá sido difícil para María viajar justo en ese momento cuando el bebé era grande en su vientre. Pero debía ser así y pronto te darás cuenta por qué.

Había mucha gente viajando en esos días – de aquí para allá – a pie, a menos que fueran afortunados de ser dueños de un burro. Cuando por fin llegaron José y María a Belén, encontraron que el pueblo estaba repleto de gente que habían venido con el mismo propósito y cuando buscaron un lugar para quedarse ¡no encontraron nada! Todas las casas y el mesón ya estaban completos con las visitas.

José se empezó a preocupar porque María estaba muy cansada después de mucho tiempo viajando y ya tenía contracciones y parecía que el bebé estaba listo para nacer. Pero había un hombre que se dio cuenta de la gran necesidad de María y les ofreció un establo donde dormían los animales. Así que de la paja, José preparó una cama para María para que pudiera estar cómoda. Agradecieron a Dios por encontrar un refugio y no tener que dormir a la intemperie.

Y aquella noche fue una noche especial; sucedió algo hermoso y ese establo muy humilde llegó a ser un lugar santo. Porque esa misma noche nació el Salvador del mundo, Jesús. Dios envió Su propio hijo al mundo para ser el bebé de María. Muchos años antes, el profeta Miqueas había dicho que el enviado por Dios nacería en Belén. Y así fue.

¡Qué felicidad la de María! Miraba a su bebé, el que había sido prometido durante tanto tiempo, y su corazón se llenaba de amor y adoración. Se parecía como cualquier otro, pero su bebé era el Hijo de Dios, grande y poderoso. María miraba a su bebé con amor y ternura porque sabía que este pequeño niño sería el Salvador del mundo.

No tenían cuna, así que acostaron al pequeño Jesús en el pesebre, el lugar donde comen los animales.

Las primeras visitas
Lucas 2 - Belén

Cuando nace un príncipe, las campanas suenan en todo el reino para anunciarlo y hay gran gozo. Se alzan banderas y todo el mundo celebra este gran acontecimiento. Y Dios también, cuando nació Su Hijo, envió sus mensajeros para anunciar Su llegada. Estos mensajeros no eran hombres sino ángeles gloriosos y brillantes.

Los ángeles no fueron a dar su mensaje a reyes y gobernadores sino a unos simples pastores que estaban cuidando sus ovejas en unos campos cerca de Belén. ¿Puedes imaginar su asombro cuando de repente ven el oscuro cielo iluminarse con luz tan brillante que parecía pleno día? Era un ángel que se les acercó y tuvieron mucho miedo. Pero el ángel les dijo: "No tengan miedo. Les traigo buenas noticias para ustedes y para todas las personas. Hoy ha nacido, en la ciudad de David, el Salvador, quien es Cristo el Señor. Lo reconocerán porque encontrarán al bebé envuelto en pañales y acostado en un pesebre."

Y de repente el cielo se llenó con centenares de ángeles cantando y alabando a Dios diciendo: "Gloria a Dios en las alturas, y en la tierra haya paz entre los hombres".

La gloria de Dios estaba brillando sobre toda la tierra como si fuese el cielo. Los pastores no podían dejar de mirar tan grande espectáculo. Se olvidaron de sus rebaños y sólo contemplaban la gloria resplandeciente y escuchaban las palabras maravillosas. ¡Qué luz más radiante! ¡Qué gloriosos los ángeles! ¡Qué música más grandiosa!

¡Ningún hijo de rey fue anunciado jamás con tanto esplendor! Los ángeles cantaron con gran gozo que el Salvador ya había nacido y estaba en la tierra y él salvaría a la gente de sus pecados y de la muerte.

Cuando la multitud de ángeles regresó al cielo, los pastores se dijeron unos a otros: "Vayamos ya mismo a Belén a ver el bebé del cual el Señor nos ha avisado." Así que corrieron a toda prisa a Belén. Encontraron el establo y encontraron a María y José, y allí en el pesebre, vieron al bebé recién nacido. Los pastores sabían bien que este bebé era especial y que era él quien se les había prometido a sus padres por cientos de años. ¡Qué privilegio poder verlo con sus propios ojos! ¡Dios había cumplido su promesa! Se arrodillaron y le adoraron.

Mientras volvían a sus rebaños, no cabían en sí de gozo y asombro por lo que habían visto y escuchado esa noche, por eso glorificaban y alababan a Dios; y contaban sobre los ángeles y su mensaje a todo aquél que encontraban por el camino.

Jesús es presentado en el templo
Lucas 2 - Jerusalén

A los ocho días de nacido, nombraron al bebé Jesús, tal como el ángel les había mandado. Este nombre significa Salvador.

Era una costumbre judía llevar a un bebé al templo y presentarlo al Señor cuando cumpliera un mes de vida. Por lo tanto, un mes después de su nacimiento, María y José llevaron a Jesús a Jerusalén, que quedaba a unos nueve kilómetros de Belén.

En esta ciudad vivía un hombre muy bueno y ya anciano, llamado Simeón. Toda su vida había esperado y anhelado fervientemente la llegada del niño prometido por Dios. Dios le había hablado y le dijo que no moriría sin antes ver lo que deseaba.

Justo cuando José y María traían al pequeño Jesús al templo, el Espíritu de Dios llevó allí a Simeón. Este buen hombre supo inmediatamente que Jesús era el niño prometido. Tomó el bebé en sus brazos y mirando hacia el cielo, dijo:

"Ahora, Señor, estoy listo para morir porque mis ojos han visto cumplida la promesa del Señor. Él será el Salvador del mundo y la gloria de tu pueblo Israel."

María y José estaban maravillados por todo lo que dijo Simeón. ¡Cuántas cosas excepcionales les estaban ocurriendo! (¡Y había más todavía!).

En el mismo lugar también se encontraba una mujer muy anciana que pasaba todo el día orando a Dios allí. Ella también vio al bebé y lo reconoció. Así que fue a llevar el mensaje a todos de que ya había nacido el niño tan esperado.

Luego José y María volvieron a Belén.

Visitas del oriente
Mateo 2 - Belén

Ahora tenemos que retroceder un poco en el tiempo y contar de algo que estaba sucediendo durante el embarazo de María.

En los países más orientales había hombres que estudiaban las estrellas por la noche. No tenían telescopios pero conocían mucho sobre el movimiento de las estrellas y podían ubicar las estrellas más brillantes que estudiaban todas las noches.

Una noche, mientras estaban contemplando el cielo, algunos de estos hombres sabios vieron una estrella nueva, una estrella más brillante que las demás. Se emocionaron mucho con este descubrimiento. Y luego tuvieron otra sorpresa: ¡la estrella se movía! ¿Qué podría significar esto?

En aquellos días se creía que una nueva estrella brillante tenía un significado especial. Tal vez significaba que había nacido alguien que sería un gran rey o general. Al mirar que la estrella se movía, decidieron que era para anunciar el nacimiento de un gran rey. Estos hombres estudiosos de las estrellas lo creyeron tan firmemente que tres de ellos decidieron emprender viaje para encontrar a aquel niño señalado por aquella estrella brillante. También llevaron regalos de mucho valor para el nuevo rey. Como seguramente sería un viaje muy largo, y a través de desiertos, viajaron en camellos. Durante el día caluroso los sabios dormían y de noche viajaban, siguiendo la estrella.

Tú ya te has dado cuenta de que esa estrella brillante estaba anunciando el nacimiento de Jesús, el Rey de reyes y que Jesús nació en Belén. Para los tres astrónomos, (u hombres sabios como los describe la Biblia) el viaje fue muy largo pero no llegaron tarde. José y su familia aún estaban en Belén.

Y por fin llegaron a Jerusalén en sus camellos. Pensaron que un rey nacería en una ciudad grande e importante como la capital del país. Preguntaron allí: "¿Dónde está el niño que ha nacido para ser rey de los judíos? Hemos visto su estrella en el oriente y hemos venido a adorarle."

Pero nadie sabía nada de un rey que había nacido. Entonces alguien corrió al palacio a llevar la noticia al Rey Herodes, de que unos hombres extraños en camellos estaban preguntando a todos por el niño nacido que sería rey de los judíos.

El Rey Herodes se preocupó mucho. ¿Acaso alguien que había nacido recién le sacaría del trono a él y a su familia? Mandó a llamar a los sacerdotes y escribas para que le dijesen en qué lugar de las Escrituras decía que nacería el Cristo, el Salvador. Los sacerdotes y escribas que estudiaban siempre las Escrituras sabían la respuesta y le contestaron al rey lo que Miqueas había escrito hacía muchos años: *"Pero tú, Belén Éfrata, aunque eres pequeña entre las familias de Judá, de ti me saldrá el que ha de ser gobernante en Israel. Y sus orígenes son desde tiempos antiguos, desde los días de la eternidad."* Miqueas 5:2 (LBLA)

Cuando el Rey Herodes escuchó esto, mandó a llamar a los forasteros y les preguntó cuándo habían visto la estrella. Y les dijo que fueran a Belén y cuando hubiesen encontrado al bebé, que volvieran a decírselo porque él también quería adorarle.

Por supuesto que Herodes no tenía ni la más mínima intención de adorar al rey recién nacido porque era un hombre malvado y cruel. Él quería matar al bebé tan pronto descubriera dónde estaba para que no pudiera crecer y llegar a ser rey.

Los sabios salieron del palacio y fueron a Belén, que sólo estaba a pocos kilómetros de distancia. Era de noche y se alegraron mucho cuando vieron la estrella brillando en el cielo arriba de ellos.

¡Y la estrella se movía aún! Los sabios estaban seguros que la estrella había sido enviada para guiarles al lugar donde estaba el niño. La siguieron hasta que llegaron a Belén. Y en el mismo lugar donde se encontraba el niño, allí se detuvo. ¡Habían llegado!

Los sabios entraron al portal. Allí vieron al pequeño niño gracias a la estrella que habían seguido desde tan lejos. Se arrodillaron, adoraron y le entregaron sus preciosos regalos – oro y perfumes costosos llamados incienso y mirra.

Qué escena más especial para dar la bienvenida a este mundo al Rey de reyes. El establo era un lugar muy humilde para este Rey pero estos hombres del oriente trajeron regalos dignos de un gran rey terrenal.

Como los sabios conocían las malas intenciones de Herodes a través de un sueño que Dios les dio, no le dijeron al rey que habían encontrado al niño que buscaban. Dios estaba cuidando a Su Hijo todo el tiempo.

Así que los astrónomos regresaron a su país por otro camino y volvieron con mucho gozo en su corazón – habían visto a alguien que cambiaría el mundo para siempre.

Los sabios salieron del palacio y fueron a Belén, que sólo estaba a pocos kilómetros de distancia. Era de noche y se alegraron mucho cuando vieron la estrella brillando en el cielo arriba de ellos.

¡Y la estrella se movía aún! Los sabios estaban seguros que la estrella había sido enviada para guiarles al lugar donde estaba el niño. La siguieron hasta que llegaron a Belén. Y en el mismo lugar donde se encontraba el niño, allí se detuvo. ¡Habían llegado!

Los sabios entraron al portal. Allí vieron al pequeño niño gracias a la estrella que habían seguido desde tan lejos. Se arrodillaron, adoraron y le entregaron sus preciosos regalos – oro y perfumes costosos llamados incienso y mirra.

Como los sabios conocían las malas intenciones de Herodes a través de un sueño que Dios les dio, no le dijeron al rey que habían encontrado al niño que buscaban. Dios estaba cuidando a Su Hijo todo el tiempo. Así que los astrónomos regresaron a su país por otro camino y volvieron con mucho gozo en su corazón – habían visto a alguien que cambiaría el mundo para siempre.

Un viaje inesperado
Mateo 2 - Egipto

Después que los sabios regresaron a su país, Dios envió un ángel a José para darle un mensaje en un sueño. Le dijo: "José, debes tener prisa y salir de aquí cuanto antes con tu esposa y el bebé. Debes alejarte de aquí enseguida. Ve a la tierra de Egipto y quédate allí hasta que te avise que pueden volver. Herodes va a tratar de encontrar al bebé para matarlo."

Así que José se levantó de inmediato, despertó a María y le contó lo que el ángel le había dicho. Egipto quedaba muy lejos, al sur. Entonces se vistieron rápidamente. María juntó todas las cosas mientras que José fue por el burro y muy pronto ya estaban listos. María envolvió a su precioso hijo en algo calentito y lo sostuvo firme en sus brazos al montar el burro. Sin decir nada a nadie, salieron del pueblo en la oscuridad. Viajaron toda la noche y cuando amaneció ya estaban lejos.

Y fue bueno que estuvieran lejos, porque cuando Herodes descubrió que los sabios habían regresado sin avisarle sobre el bebé se puso furioso. Y ahora tenía más deseos de matar al bebé que sería rey.

Esto es lo que hizo el rey Herodes: envió sus soldados a Belén con órdenes de matar todo niño en el pueblo, desde los recién nacidos hasta los que tenían dos años. Herodes pensó que de esa manera, sin duda, moriría el bebé cuya estrella habían visto los astrónomos.

Pero Dios sabe todas las cosas y supo lo que iba a hacer Herodes y se le había adelantado. ¡Herodes nunca podría matar al Hijo de Dios! Jesús estaba a salvo en Egipto. Estaba muy cómodo en los brazos de su madre debajo de la sombra de una palmera bajo el sol cálido de Egipto.

Pasó el tiempo y el malvado Herodes murió. Y entonces se le apareció a José un ángel del Señor en un sueño y le dijo: "Levántate, José, y toma al niño y a su madre y vayan a la tierra de Israel."

Así que José tomó a Jesús y María y volvieron a su tierra. Cuando supo que ahora el hijo de Herodes era rey, tuvo miedo de acercarse a la ciudad de Jerusalén, donde vivía el rey. En cambio, volvió a Nazaret, un pueblo que estaba lejos de Jerusalén y al norte.

Allí, en Nazaret el pequeño Jesús creció. José era carpintero y sin duda la gente de Nazaret debe haber visto a Jesús ayudando a José en su taller.

Jesús en el templo de Jerusalén
Lucas 2 - Jerusalén

En ese pequeño pueblo de Nazaret Jesús vivió. Fue creciendo y se puso alto como los otros niños. Seguramente todos le admiraban y lo querían porque era bueno.

Aunque Jesús era un niño normal como los otros, había algunas cosas que lo diferenciaban de cualquier otra persona que jamás haya vivido. Su corazón era perfectamente bueno. Nunca hizo algo malo o fuera de lo permitido. Fue un niño muy obediente a sus padres y respetuoso con los demás. Incluso nunca tuvo pensamientos o deseos malos. Él no tenía pecado porque era el bendito Hijo de Dios.

Desde el tiempo de Adán y Eva cuando desobedecieron a Dios y pecaron, los niños han nacido con un corazón pecaminoso – un corazón que lleva a hacer el mal. Aunque Jesús nació de una hija de Eva, no heredó la naturaleza pecaminosa de su madre humana. Era también Hijo del Dios bueno, santo y perfecto. Jesús fue completamente bueno durante toda su vida.

El Nuevo Testamento no nos cuenta casi nada de la niñez de este niño tan especial. Sólo un relato que ocurrió cuando tenía doce años. Aún de pequeño, sabemos que Jesús amaba a Dios. Al cumplir doce años, los niños podían acompañar a sus padres a la fiesta de la Pascua en Jerusalén que se celebraba cada año. Cuando Jesús cumplió los doce, también se puso muy feliz de saber que podía hacer algo tan significativo.

Sería un viaje largo porque Jerusalén quedaba a unos cien kilómetros de Nazaret. En esos tiempos era una distancia grande ya que mayormente se hacía a pie, aunque algunos montaban en burro. José, María y Jesús no viajaron solos pues muchas personas también iban a celebrar la fiesta allí y entonces viajaban juntos. Al pasar por los pueblos y aldeas se iban sumando otros más en camino a Jerusalén de manera que se hacía una procesión larga de personas que viajaban.

No siempre era seguro viajar solo, por eso era mejor viajar juntos con otros, y además, era más divertido estar en compañía de amigos y parientes. Paraban en el camino para comer juntos y a la noche echaban sus alfombrillas sobre la tierra para dormir bajo las estrellas.

Después de viajar varios días llegaron por fin a la gran ciudad. Allí, durante siete días, celebraron la fiesta de la Pascua, como se hacía todos los años en memoria de cuando Dios sacó al pueblo de Israel de Egipto, librándolos de la esclavitud.

Después de siete días el grupo de Nazaret se dispuso a volver. Había tantos amigos, vecinos y parientes que José y María no se dieron cuenta que Jesús no viajaba con ellos. Pensaban que seguramente estaba con sus amigos. Pero al final del día cuando no lo habían visto, empezaron a estar inquietos y a preguntar a todos si habían visto a Jesús. Y todos respondieron que no lo habían visto en todo el día. ¿Dónde podría estar Jesús? ¿Se habría perdido su precioso hijo? ¡Qué angustia!

Sólo había una cosa que hacer: volver a la ciudad; tardarían otro día para llegar. Y en el camino preguntaron a todos si habían visto a su hijo de doce años pero siempre la respuesta era la misma. ¡Nadie lo había visto!

Al llegar a Jerusalén, José y María caminaron por las calles de la ciudad durante dos días sin encontrar rastro de Jesús. Por fin lo buscaron en el templo y ¡allí lo encontraron! Estaba sentado en medio de unos doctores de la ley que eran hombres sabios que conocían las Escrituras y las leyes.

Jesús les estaba escuchando y a la vez les hacía preguntas que no podían responder. Estos hombres y maestros se asombraban que un niño de doce años fuera tan inteligente, y diera respuestas tan sabias a sus preguntas e hiciera preguntas muy difíciles de contestar.

José y María estaban sorprendidos de ver a Jesús hablando con hombres tan eruditos. Pero no podían olvidar que habían pasado unos días muy preocupados y su madre le dijo: "Hijo, ¿por qué nos hiciste esto? Tu padre y yo hemos estado tan preocupados al no saber dónde estabas."

Jesús le contestó, algo sorprendido: "¿Y por qué me estuvieron buscando? ¿No saben que debo enterarme de los asuntos de mi Padre?"

Jesús no quiso ser desobediente. Pensó que sus padres sabrían que a él le atraía todo referente a su Padre celestial, y en el templo, con los maestros de la ley descubriría muchas cosas. Pero José y María no entendieron esto. María seguía pensando sobre las cosas que le decía Jesús para tratar de entenderlo mejor.

Aquel día Jesús volvió con sus padres a Nazaret y era obediente en todo.

Jesús creció en estatura y en sabiduría y se hizo adulto. Su cuerpo ya era el de un hombre y también entendía por qué había venido a la tierra y lo que debía hacer. Hasta los treinta años vivió tranquilo con sus padres y sus hermanos y hermanas menores. Es muy probable que le ayudaba a José en la carpintería.

También Jesús creció en gracia para con Dios y los hombres que significa que agradaba a Dios en todo lo que era, lo que pensaba y lo que hacía y también agradaba a las personas y éstas le querían.

Juan el Bautista
Lucas 3 - Betábara

Mientras tanto, Juan, el hijo de Zacarías y Elizabeth, ya era un hombre también y se fue a vivir en el desierto. Era un lugar solitario allí pero Juan quería estar a solas y lejos de la gente para que pudiera pensar en Dios.

Dios cuidó bien de Juan porque debía hacer una gran labor. Tenía que predicar a la gente y hacer que estén listos para escuchar a Jesús quien pronto empezaría a enseñar.

Juan vivía una vida ruda en el desierto, muy diferente a la de las demás personas. Comía langostas, como hacen hasta hoy día los que viven en el desierto. También comía miel, que era fácil de conseguir de los depósitos de miel en los agujeros en la roca que dejaban allí las abejas silvestres. Juan se vestía con una túnica suelta hecha de pelo de camello con un cinto de cuero por la cintura.

Tenía treinta años también cuando empezó el trabajo de Dios por el cual había nacido. Debía preparar a la gente para la pronta venida del Salvador.

Poco a poco la noticia se fue propagando que un hombre extraño estaba predicando en el desierto cerca del río Jordán. Tenía aspecto salvaje y vestía de manera algo rara. La gente preguntaba: "¿Quién es? ¿De dónde viene?" Pero nadie sabía las respuestas. La gente de la zona dijo que hacía mucho que vivía en el desierto, que era un profeta, un hombre santo.

La gente tenía curiosidad y fueron a verle y escuchar su mensaje. ¿Y cuál era su mensaje? Le decía a la gente lo pecaminosa y malvada que en realidad era. Les clamaba que se arrepintiesen y se bautizaran porque cercano estaba el reino del cielo.

Cuando Juan advirtió a la gente que se arrepintiera de sus pecados, muchos se dieron cuenta que decía la verdad y querían cambiar. Se acercaron a Juan para decirle que no querían pecar más, querían llevar una mejor vida. Y le pidieron que los bautizara como señal de que querían cambiar su mala manera de vivir. Para bautizarse debían sumergirse en las aguas del río. Por eso Juan predicaba al lado del río Jordán.

Mucha gente aceptó su mensaje y se acercaron a Dios por medio de este predicador extraño. Algunos empezaron a preguntarse si sería posible que Juan fuese el Cristo, o mesías, que habían estado esperando. Otros se preguntaban si podría ser el profeta Elías que había vuelto a la vida.

Por fin algunos de los judíos en Jerusalén enviaron varios sacerdotes y levitas al río Jordán donde Juan estaba bautizando para saber la verdad. Se acercaron a Juan y le preguntaron: "¿Quién eres? ¿Eres el Cristo que esperamos?"

Juan les contestó: "No, no soy el Cristo."

"¿Eres Elías?"

"No, no soy Elías" les dijo Juan.

"Entonces, ¿quién eres?" preguntaron los sacerdotes.

Juan dijo: "Yo soy la voz de uno que clama en el desierto: Preparen el camino del Señor. Rectifiquen sus vidas." Les dijo que después de él vendría otro mucho más poderoso que él y que no era digno de ni siguiera agacharse para desatarle los cordones de sus sandalias. Se estaba refiriendo a Jesús.

Al día siguiente, mientras Juan estaba predicando, ve a Jesús acercarse entre la gente para ser bautizado. Juan se sentía indigno de bautizar a aquel que sabía era mayor, pero Jesús le aseguró que Dios lo deseaba así.

Este era un momento muy especial para Jesús. Ya había dejado su casa en Nazaret y de ahora en adelante empezaría la obra por la cual vino a la tierra. Su ministerio empezó así, con un acto de purificación y entrega a la voluntad de Dios.

Al salir de las aguas de bautismo, Jesús oró al Padre y los cielos se abrieron y el Espíritu Santo descendió en forma de paloma y se asentó sobre el hombro de Jesús. Al mismo tiempo se escuchó una voz del cielo que dijo: "Tú eres mi Hijo muy amado. Tú me das mucha alegría." En ese momento se juntaron las tres personas de la Trinidad (Dios Padre, Jesús y el Espíritu Santo) como si se hubieran abrazado.

Tal vez la gente presente allí no entendió realmente lo que había sucedido. Nunca habían visto a Jesús. Muchos pensaban que Juan era el mesías que esperaban.

Entonces Juan declaró a todos: "¡Miren! He aquí el Cordero de Dios que quita el pecado del mundo. Este es aquel del cual les hablé cuando dije que vendría uno más poderoso que yo. No sabía quién era pero Dios me dijo que lo reconocería porque sobre él vendría el Espíritu Santo en forma de paloma y permanecería con él. Ahora lo he visto y les digo que Jesús es el Hijo de Dios."

La gente volvió a su casa ese día comentando todas las cosas extrañas que habían visto y oído. Los que anhelaban la venida del Cristo, el Salvador, deben haber estado muy felices.

Jesús a solas en el desierto
Lucas 4 - Judea

Después de su bautismo, Jesús se fue a un lugar solitario y desierto donde sólo vivían los animales salvajes. Se quedó allí durante cuarenta días y cuarenta noches y no comió ni bebió nada en todo ese tiempo. Jesús necesitaba estar a solas con su Padre. No quería que la gente y las actividades le distrajeran. Necesitaba hablar mucho con su Padre y saber cómo hacer todo conforme a su voluntad.

Aunque Satanás no sabe todas las cosas, sabía que Jesús era perfectamente bueno y era Hijo de Dios y también hijo de María. Sabía que Jesús había venido al mundo para salvar a la gente de su pecado (que había entrado desde que Adán y Eva desobedecieron a Dios) y librarles de la muerte espiritual. Ahora Satanás iba a tentar a Jesús a hacer algo malo.

Al finalizar los cuarenta días Jesús tuvo hambre porque no había comido nada. Satanás sabiendo esto, le dijo astutamente: "Si eres Hijo de Dios convierte esa piedra en pan y así satisfarás tu hambre."

Jesús le contestó: "Dios dice que el hombre no vivirá solamente de pan. El hombre necesita toda la Palabra que Dios ha hablado."

Luego Satanás lo intentó de nuevo. Esta vez lo llevó a Jerusalén y le puso sobre el pináculo del templo. Entonces dijo: "Tírate abajo desde aquí. Si eres hijo de Dios, está escrito que Él pondrá Sus ángeles a cargo de ti y en sus manos te sostendrán para que no tropieces sobre la piedra."

Jesús le respondió: "Está escrito: 'No pondrás a prueba al Señor tu Dios.'"

Satanás no se rindió y quiso intentar una tercera vez. Llevó a Jesús a la cima de una montaña muy alta. En un momento del tiempo le mostró todos los reinos del mundo y la gloria de ellos. Entonces le dijo a Jesús: "Todo el poder y la gloria de este mundo me pertenecen y yo se lo puedo dar a quien quiera. Si tú te postras y me adoras, te lo daré."

Pero Jesús había venido al mundo a conquistar al diablo, no adorarle. Así que le contestó: "Vete, Satanás. Está escrito: 'Adorarás al Señor tu Dios y a Él sólo servirás.'"

El diablo vio que Jesús resistía todas sus tentaciones así que se alejó y lo dejó tranquilo por un tiempo.

Entonces vinieron ángeles del Cielo para alimentar a Jesús y darle todo lo que necesitaba en ese momento.

Jesús escoge sus primeros discípulos
Juan 1 - Betábara

Un día mientras Juan hablaba con dos de sus discípulos, pasó por allí Jesús. Juan lo señaló y dijo: "¡He aquí, el Cordero de Dios!"

Los dos discípulos que estaban con Juan estaban intrigados y querían conocer mejor a aquel forastero que Juan llamaba 'el Cordero de Dios'. Dejaron a su maestro y empezaron a seguir a Jesús.

Jesús se dio vuelta y les preguntó: "¿Qué buscan?"

Ellos dijeron: "Maestro, ¿dónde vives?"

"Vengan a ver," les dijo Jesús.

Así que los dos hombres llegaron al lugar donde se alojaba Jesús y se quedaron varias horas. Les encantaba escuchar a Jesús porque les enseñaba muchas cosas sobre Dios; y así ellos se convirtieron en sus primeros seguidores.

Uno de los hombres se llamaba Andrés. Cuando salió de aquella casa, lo primero que hizo fue buscar a su hermano Simón y le dijo: "Simón, tengo algo maravilloso que contarte. Hemos conocido al mesías que habíamos estado esperando por tanto tiempo."

Simón acompañó a Andrés para hablar con Jesús y él también se hizo amigo de Jesús. Jesús le dio un nuevo nombre a Simón que le iba muy bien. Lo llamó Pedro que significa una roca.

Al día siguiente Jesús se encontró con un hombre llamado Felipe. Quería que fuese su discípulo también así que le dijo: "Sígueme." Felipe estaba contento de seguirle y quería que su amigo Natanael también conociera a este maestro. Así que lo fue a buscar y le dijo: "Natanael, hemos encontrado a aquel que estábamos esperando por tanto tiempo, aquel de quien escribieron Moisés y los profetas. Su nombre es Jesús y viene de Nazaret."

Natanael era un buen hombre y casi no podía creer lo que le decía Felipe. Los judíos no esperaban un mesías que viniera de Nazaret porque los profetas habían escrito que nacería en Belén. Natanael no sabía aún que Jesús había nacido en Belén.

"Ven a verlo," le insistió Felipe. Así que los dos partieron.

Cuando Jesús vio a Natanael acercarse dijo: "He aquí un hombre verdaderamente bueno."

Natanael estaba sorprendido y le dijo: "¿Cómo sabes qué clase de persona soy?"

Jesús le contestó: "Antes que Felipe te buscara, tú estabas debajo de una higuera. Te vi, y supe qué clase de hombre eras."

Entonces Natanael supo que solamente por Dios podría saber eso. Así que abrió su corazón a Jesús y le dijo: "Maestro, tú eres el Hijo de Dios, tú eres el Rey de Israel."

Le dijo Jesús: ¿Es sólo porque te dije que te vi bajo la higuera que crees en mí? Tú verás cosas mayores. Verás el cielo abrir y los ángeles de Dios descender sobre el Hijo del hombre."

De esta manera Jesús reunió un pequeño grupo de amigos o discípulos que amaban a Dios y deseaban seguirle para aprender de él. Estos hombres iban donde Jesús iba y escuchaban atentamente todo lo que les decía.

Invitado a una boda
Juan 2 - Caná

Tres días después hubo una boda en Caná, un pueblo a unos pocos kilómetros al norte de Nazaret. María estaba allí, muy probablemente ayudando a los anfitriones ya que la fiesta de una boda solía durar unos dos o tres días y había que preparar mucha comida y bebida. Jesús también estaba allí porque fue invitado junto a sus amigos.

En una fiesta no puede faltar nunca la comida ni la bebida. Es importante agasajar a los huéspedes en todo momento. Pero en esta fiesta de boda llegó el momento que se terminó el vino y no había otra cosa que beber. ¡Qué vergüenza para los anfitriones! María se enteró del problema y le avisó a Jesús diciendo: "No tienen vino." Era una tragedia pero sabía que Jesús podía hacer algo. No le pidió ayuda pero sabía que tenía poder para hacer cualquier cosa. Y a los sirvientes les dijo que hicieran lo que Jesús les dijera.

Jesús estaba sorprendido y le contestó a su madre: "¿Por qué me dices esto a mí? Todavía no es el momento." Es que Jesús aún no había empezado su trabajo de enseñar a la gente y no pensó que haría su primer milagro en tal situación. Pero la petición era importante para su madre y Jesús amaba a su madre así que accedió para que los anfitriones no quedaran avergonzados.

Allí había seis grandes tinajas, casi del tamaño de un barril, que contenían agua para que la gente se lave las manos y los pies antes de comer. (Acuérdate que se solía usar sandalias y los pies se llenaban de tierra. Era costumbre lavarse los pies además de las manos antes de comer).

Jesús les dijo a los sirvientes que llenaran las tinajas de agua. Al terminar, dijo: "Echen un poco y llevar al maestresala para que lo pruebe."

Habían llenado las tinajas de agua pero al echarlo en la copa no era agua ¡sino vino! Los sirvientes vieron con sus propios ojos este milagro.

El maestresala debía probar la comida antes de que se sirviera a los huéspedes. Cuando le dieron a probar el vino le gustó muchísimo, era delicioso, y fue hasta el novio para expresar su satisfacción y le felicitó diciendo: "Por lo general todos sirven el mejor vino a comienzos de una fiesta para luego traer un vino inferior pero tú has guardado el mejor vino para ahora."

Este fue el primer milagro de Jesús. Fue la primera señal del maravilloso poder que tenía para ayudar a otros y que podía hacer lo que ningún hombre podía hacer.

Los discípulos se acordaron de lo que Jesús le había dicho a Natanael: "Mayores cosas verás." Y los discípulos creyeron en él.

El templo hecho un mercado
Juan 2 - Jerusalén

Pocos días después Jesús emprendió el viaje a Jerusalén con sus discípulos. Era el tiempo de la Pascua y de todas partes la gente llegaba a la gran ciudad.

La fiesta de la Pascua se celebraba todos los años y duraba siete días. Conmemoraba la noche que el pueblo de Israel huyó de Egipto. Aquella noche el Ángel de la Muerte pasó y murieron todos los primogénitos de los egipcios pero pasó de largo los hogares de los israelitas cuyos dinteles de las puertas estaban rociados con la sangre de un corderito. Todo judío mayor de doce años guardaba la fiesta en gratitud en Jerusalén.

Jesús y sus seguidores viajaron con los demás que también iban a la fiesta. Jesús estaba ansioso de ir al templo, la casa de Su Padre. Pero cuando llegó, se desilusionó. En el atrio del templo sólo encontró una confusión ruidosa. El lugar estaba llena de hombres vendiendo bueyes, ovejas y palomas para ser usados en los sacrificios. En otras mesas había hombres cambiando monedas extranjeras a las monedas que los judíos usaban en el templo. El ruido de los animales y el golpear de las monedas se mezclaban con el regateo de todos los hombres que compraban y vendían. El templo se parecía a un mercado en vez de un lugar santo donde se adoraba a Dios. Esto entristeció mucho a Jesús.

De unas cuerdas hizo un látigo y así echó fuera a todos los vendedores con sus animales. Esparció las monedas y volcó las mesas y les dijo a los que vendían palomas que se fueran a otro sitio.

Algunos de los judíos no les gustó que Jesús tomara esa autoridad. Le pidieron que mostrara su derecho para hacer aquello. Jesús dijo: "Si destruyen este templo, lo levantaré en tres días." Los judíos pensaban que quería decir que él podía construir en tres días el templo grandioso de Jerusalén que había llevado cuarenta y seis años levantar. Pero cuando Jesús hablaba del templo se refería a su propio cuerpo que sería crucificado por los judíos y que resucitaría en tres días. Nadie entendió lo que quiso decir. Pero cuando Jesús murió y resucitó, los discípulos se acordaron de lo que había dicho y creyeron.

En esos días en Jerusalén muchos creyeron en Jesús al escuchar su enseñanza y ver que los enfermos sanaban cuando les imponía las manos. Sabían que decía la verdad cuando les decía que era el Hijo de Dios.

Nicodemo
Juan 3 - Jerusalén

Jesús, cuando nació de María, entró a este mundo como un bebé, un ser humano. Pero antes, él ya existía en el Cielo porque él es Dios mismo. Jesús siempre ha sido Dios, desde la eternidad. él es Dios el Hijo.

Sabemos que hay un solo Dios. Pero ese Dios es tres personas; tres personas distintas pero tres en igualdad – Dios el Padre, Dios el Hijo y Dios el Espíritu Santo. Antes que Jesús viniera a la tierra como hijo de María para morir por nuestros pecados, ya era Dios el Hijo. Jesús vivía en el Cielo con Dios el Padre y Dios el Espíritu Santo. Estos tres son un solo Dios y han vivido siempre.

Sabemos que es verdad porque Jesús nos lo dijo.

Dios el Padre ha creado el mundo, el universo y el cielo junto con Dios el Hijo y Dios el Espíritu Santo. Jesús, Dios el Hijo, murió por nuestros pecados. Jesús volvió al Cielo pero envió al Espíritu Santo a morar en el corazón de todo aquel que ama a Dios para ayudarle a vivir según el deseo de Dios y hacer lo correcto.

Jesús, cuando estaba en la tierra, era verdaderamente Dios. Él iba por todas partes sanando a los enfermos y enseñando para que conocieran más a Dios. La gente lo amaba y escuchaba muy atentamente. Nicodemo era uno que le encantaba escuchar a Jesús. Nicodemo era un hombre importante entre los judíos porque era fariseo.

Los fariseos eran hombres que obedecían todas las leyes de Moisés muy estrictamente; también guardaban otras normas que ellos mismos habían inventado. Estaban orgullosos de ser tan perfeccionistas y pensaban que eran mejores que las otras personas, y aún mejor que Jesús. No les gustaba lo que enseñaba Jesús y siempre querían encontrar alguna falta para acusarle de algo indebido.

Pero Nicodemo no era como los demás fariseos. Había estudiado mucho y amaba a Dios sinceramente. Le interesaba lo que enseñaba Jesús acerca de Dios y su Reino y quería saber más. Así que una noche Nicodemo fue a verle. A esa hora del día podrían hablar tranquilos sin estar rodeado de una multitud y sin que los otros fariseos lo señalaran y se burlaran.

Nicodemo le dijo a Jesús: "Maestro, me doy cuenta que Dios te ha enviado porque nadie podría hacer estos milagros si Dios no estuviera con él."

Jesús sabía lo que había en el corazón de Nicodemo y le quería enseñar una verdad fundamental así que le dijo: "Nadie puede ver el Reino de Dios si no nace de nuevo."

Qué respuesta más extraña. Nicodemo no entendía. Quería ver el Reino de Dios pero si era necesario nacer de nuevo cómo podría lograrlo si él ya era adulto. ¿Cómo podría ser un bebé nuevamente?

Jesús agrega: "Sí, es verdad, a menos que uno nazca del agua y del Espíritu, no podrá entrar al reino de Dios." Entonces Jesús empezó a explicarle a Nicodemo. Ninguno de nosotros puede ser hijo de Dios sin un corazón nuevo. Pero si creemos en él, el Espíritu Santo nos da un corazón nuevo y eso es 'nacer de nuevo'. Así llegamos a ser hijos de Dios.

No podemos entender cómo el Espíritu Santo nos da un nuevo corazón así como no podemos entender la manera que sopla el viento. Jesús le aseguró que Dios ama tanto, tanto al mundo que ha enviado a su único Hijo, para que todo aquel que crea en él, no se pierda, más tenga vida eterna. Para nacer de nuevo ¡sólo hace falta creer en Jesús!

Jesús le mostró a Nicodemo que para entrar en el Reino de Dios, no era suficiente ser bueno y guardar todas leyes sino que también debía tener un corazón nuevo dado por el Espíritu Santo.

Nicodemo escuchaba atentamente. Le parecían palabras extrañas pero maravillosas y tocaban su corazón. Volvió a su casa pensando y meditando todo lo que le dijo Jesús. Luego lo entendió, creyó en Jesús y llegó a ser hijo de Dios.

Una pregunta para Juan el Bautista
Juan 3 - Enón

Luego de la fiesta de la Pascua en Jerusalén, Jesús volvió, pasando por Judea y Samaria. Se encontraba cerca del lugar donde bautizaba Juan. Algunos de los que seguían a Jesús ya habían sido bautizados por Juan quien aún estaba predicando y bautizando cerca del río Jordán.

Algunos seguidores de Juan vinieron a él y le dijeron: "Maestro, el hombre que llamaste 'el Cordero de Dios' está ahora bautizando gente. Muchos nos dejan para escucharlo a él."

Juan les contestó: "Les dije que no soy el Cristo sino que voy delante de él. Me gozo de que haya venido. Yo soy del mundo pero él es del Cielo. Dios lo ha enviado y él habla las palabras de Dios. Dios el Padre lo ama. Él que cree en el Hijo de Dios tendrá vida eterna. Él que no cree en él no tendrá vida eterna sino que estará lejos de Dios por siempre. Él es más importante que yo, por eso es necesario que la gente lo siga más que a mí."

Una conversación junto al pozo de Jacob
Juan 4 - Sicar

Poco después Jesús salió de Jerusalén en Judea para irse hacia su pueblo de Nazaret en la provincia de Galilea. Era una distancia de unos cien kilómetros.

En el camino Jesús y sus discípulos pasaron por una región o provincia llamada Samaria y al llegar a la ciudad había en las afueras un pozo muy antiguo que había sido hecho por Jacob, centenares de años antes.

En ese país tan caluroso, el agua es un elemento muy valioso. Generalmente hay un solo pozo de agua en todo el pueblo. Todos los días la gente trae sus cántaros para llenar y sacar lo que necesitan.

Es posible que este pozo tuviera un muro bajito alrededor para que nadie se caiga dentro. También servía para sentarse y Jesús se sentó allí, cansado de la caminata. Era medio día y tenía hambre así que mandó a sus discípulos a comprar comida en el pueblo mientras él descansaba. Posiblemente algunas palmeras crecían allí y el pozo estaría en la sombra. Pronto una mujer del pueblo se acercó para sacar agua. Jesús, tenía calor y sed así que le pidió a la mujer que le diera un poco de agua ya que Él no llevaba recipiente para sacarlo.

La mujer lo miró sorprendida porque Jesús era judío y ella samaritana. Los judíos odiaban a los samaritanos y no tenían ningún trato con ellos ni se hablaban.

Ella le preguntó: "¿Cómo es que me pides agua si soy una mujer samaritana?"

Jesús le contestó: "Si supieras quien soy, tú me pedirías agua viva a mí."

La mujer estaba algo confusa: "Señor, el pozo es profundo y tú no tienes recipiente para sacarlo. ¿Cómo puedes obtener agua viva?"

Jesús le contesto: "Cualquiera que bebe de esta agua volverá a tener sed. Pero aquel que bebe del agua que yo le doy no volverá a tener sed jamás porque el agua que yo le daré será como una fuente de agua que salte para vida eterna."

Jesús no hablaba del agua que uno bebe. Lo que quería explicarle a la mujer es que él pondría el Espíritu Santo en su corazón y entonces su alma sería renovada por el Espíritu de la misma manera que el cuerpo se refresca con el agua.

Pero la mujer no entendía lo que le decía Jesús y le dijo: "Señor, dame esa agua para que no tenga sed y no tenga que venir aquí a sacar agua."

Para que la mujer se diera cuenta de que él no era un hombre como todos, le dijo muchas cosas acerca de su vida. Ella quedó asombrada. ¿Cómo podría este extraño decirle cosas sobre su vida pasada? ¡No se conocían!

Entonces le dijo: "Señor, ya veo que eres profeta." Entonces le preguntó algo que le había intrigado por mucho tiempo. "Nuestros padres siempre han adorado en esta montaña pero ustedes, los judíos, dicen que solamente en Jerusalén se puede adorar a Dios. ¿Quién tiene razón?"

Jesús siempre estaba enseñando a la gente acerca del Padre Celestial. Cuando la mujer hizo esta pregunta, Jesús le contestó de manera que le enseñó más sobre Dios de lo que jamás había sabido.

Jesús le dijo: "Dios no nos pide que adoremos en algún lugar específico. Es en nuestro corazón que le debemos adorar. Dios es Espíritu y entonces los que le adoran deben hacerlo en espíritu y en verdad."

Ahora la mujer se dio cuenta de que este hombre conocía bien las cosas espirituales que pertenecen a Dios. Entonces le dijo a Jesús: "Sé que pronto ha de venir el mesías, llamado el Cristo. Cuando venga, nos dirá la verdad sobre todas las cosas." ¡Aún esta mujer que sabía poco acerca del verdadero Dios estaba anhelando la venida del Salvador prometido!

Jesús le dijo: "¡Yo soy el Cristo!"

¿Te imaginas la gran emoción que sintió esta mujer? Casi no podía creer que ya había llegado el mesías tan esperado...¡y que estaba hablando con ella! ¡Tenía que contárselo a todos! En su gran emoción de júbilo, se olvidó que había ido a buscar agua y salió corriendo a contar a todo el pueblo la gran noticia. A los que encontró primero les dijo: "¡Vengan conmigo a ver el hombre que me dijo todo lo que he hecho! Creo que es el Cristo."

Muchos le creyeron y le siguieron hasta el pozo donde encontraron a Jesús con los discípulos que ya habían regresado. Le pidieron a Jesús que se quedara en el pueblo para poder conocerle y escuchar sus enseñanzas. Jesús se quedó dos días con ellos y después de haberle escuchado creyeron en él y estaban seguros de que era el Cristo, el Salvador del mundo.

El hijo del noble
Juan 4 - Caná

Después de dos días Jesús siguió su viaje a la región de Galilea, hasta llegar a Caná, donde había hecho su primer milagro de tornar el agua en vino. La gente ya lo conocía porque le habían acompañado a la fiesta de la Pascua en Jerusalén y le habían escuchado y habían visto los milagros que había hecho allí. Ahora querían saber más sobre él, y los enfermos deseaban que los sanara.

Le vino a ver un oficial del rey que vivía a treinta kilómetros en la ciudad de Capernaúm, una ciudad grande sobre el lago de Galilea. Este hombre estaba muy afligido porque estaba muy enfermo su hijo y a punto de morir. Había escuchado a la gente hablar de Jesús y cómo sanaba a la gente y era su única esperanza. Le rogó a Jesús que volviera con él para sanar a su hijo.

Jesús vio que este hombre estaba desesperado por la salud de su hijo y él mismo había hecho ese viaje para rogar a Jesús que lo sanara. Pero no le hacía falta a Jesús acompañar al oficial a su casa. No hacía falta ver a su hijo enfermo. Sólo hacía falta dar la palabra y el niño sanaría. Le dijo al padre preocupado: "Vuelve a casa. Tu hijo vive y está bien."

El hombre le creyó a Jesús y volvió a casa con gran gozo. En el camino se encontró a sus sirvientes que habían salido a buscarle para darle la gran noticia de que su hijo ya estaba bien y sin fiebre. El padre les preguntó a qué hora su hijo había empezado a mejorar y los sirvientes le dijeron que fue el día anterior a la una de la tarde. El padre recordó que fue a esa misma hora que Jesús le había dicho que su hijo vivía. Estaba tan agradecido. Volvió a casa, contento porque no había perdido a su hijo. Fue un regalo de Dios. Le contó a toda la gente en su casa lo que había ocurrido y todos creyeron en Jesús y alababan a Dios.

La multitud que quería un milagro
Lucas 4 - Nazaret

Por fin Jesús llegó a Nazaret, la ciudad donde había crecido y donde aún vivían su madre, sus hermanos y sus amigos. Debían haber estado ansiosos de verle nuevamente ya que todos hablaban de él desde la fiesta de la Pascua en Jerusalén.

En el día de reposo dondequiera que estuviera, Jesús acostumbraba ir a la sinagoga – el nombre que los judíos dan a su iglesia. Ellos apartan el día sábado como día de descanso para ir a la iglesia como nosotros apartamos el domingo. Otra particularidad es que el día de reposo, o día sábado, comienza el viernes por la noche cuando baja el sol y dura hasta la misma hora del día siguiente.

En la sinagoga Jesús acostumbraba a leer varias partes del Antiguo Testamento y explicar su significado. Y ese día sábado que se encontraba en Nazaret, fue como siempre a la sinagoga y se puso de pie para leer a la gente de las Escrituras. En aquellos días sólo tenían el Antiguo Testamento y no estaba escrito en libros con páginas como hoy sino sobre trozos largos de pergamino (piel de cabrito) que se enrollaban. Cada libro era un rollo. En este día le dieron a leer un rollo del profeta Isaías.

Isaías había vivido cientos de años antes del nacimiento de Jesús pero Dios le había revelado muchas cosas que sucederían después de su muerte. Muchas veces había profetizado acerca del mesías que Dios enviaría para salvar a su pueblo. Estas profecías se habían leído muchas veces en la sinagoga en el día de reposo y la gente ya los sabía de memoria.

Jesús se puso de pie y la gente le escuchó atentamente. Abrió el rollo en el capítulo 61 del profeta Isaías y comenzó a leer desde el primer versículo. Estas son las palabras que leyó:

"El Señor ha puesto su Espíritu en mí, porque me eligió para anunciar las buenas noticias a los pobres. Me envió a contarles a los prisioneros que serán liberados; a contarles a los ciegos que verán de nuevo, y a liberar a los oprimidos; para anunciar que este año el Señor mostrará su bondad." Lucas 4:18-19 (PDT)

Después de leer estos versículos Jesús enrolló el rollo, se lo dio al encargado y se sentó, como era costumbre. La gente estaba atenta a qué diría Jesús porque habían escuchado muchas cosas sobre sus enseñanzas y sus milagros.

Entonces Jesús dijo: "Hoy, estas palabras que he leído han llegado a ser realidad." Lo que estaba diciendo era que él mismo era aquel a quien Dios había asignado predicar las buenas nuevas a los pobres, dar libertad a los cautivos, dar vista a los ciegos, poner en libertad a los oprimidos y anunciar la venida del Señor.

¿Qué habrá pensado la gente al escuchar a Jesús decir una cosa semejante? Seguramente estarían pensando: "¡Por fin, el mesías ha llegado! Qué gran honor para nosotros que él sea uno de nuestros ciudadanos. ¡Qué privilegio para nosotros que lo hemos conocido toda su vida!"

Pero Jesús sabía que la gente no estaba pensando eso sino todo lo contrario. La gente se preguntaba: Pero cómo va a ser el mesías si lo hemos conocido desde pequeño. Es sólo el hijo del carpintero. Conocemos a su familia – su madre y hermanos. Son gente común como nosotros. ¿Con qué derecho proclama ser el Cristo? Entonces la gente comenzó a estar enojada y se levantaron y empujaron a Jesús fuera de la sinagoga porque no querían escucharlo más.

Nazaret está situada sobre un monte. La turba furiosa empujaba a Jesús por una de las calles que terminaba arriba de un precipicio. Querían empujarle y tirarlo por la borda. Pero no pudieron logar el deseo malvado de sus corazones porque no tenían poder sobre el Hijo de Dios. Así que Jesús pasó por en medio de ellos y se fue.

En Capernaúm
Lucas 4 - Capernaúm

Después de que la gente de Nazaret lo intentara matar, Jesús fue a Capernaúm. Esta ciudad próspera está sobre la orilla del hermoso lago llamado el Lago de Galilea.

Al final, la gente de Nazaret no vio a Jesús hacer ningún hecho milagroso porque no querían creerle. Sin embargo la gente de Capernaúm estaba ansiosa de tener a Jesús. Enseñaba en la sinagoga cada sábado y pasó mucho tiempo allí con ellos porque la gente deseaba escuchar sus maravillosas enseñanzas. La gente se sorprendía de la manera de enseñar porque hablaba como si tuviera el derecho de contarles acerca de Dios, y de darle mandamientos y normas. Y, efectivamente, tenía el derecho de enseñarles sobre Dios porque era el Hijo de Dios Altísimo. Cuando la gente escuchaba sus palabras era como si una gran luz había entrado en sus almas.

Un día sábado, después de enseñar en la sinagoga, Jesús fue a la casa de Simón Pedro quien vivía en Capernaúm. Estaba enferma su suegra y tenía fiebre. Cuando Jesús se acercó a ella, le tomó de las manos y la levantó de la cama y dio la orden que se fuera la fiebre. Inmediatamente la mujer se sintió bien y empezó a preparar la comida para todos.

Más tarde, cuando anochecía, llegó mucha gente a la casa, trayendo sus amigos enfermos para que Jesús les sanara. Jesús puso sus manos sobre cada uno de ellos y todos fueron sanados. Quería que entendieran que su Padre no deseaba que estuvieran enfermos y que la enfermedad no viene de él. En el cielo no hay enfermedad ni ninguna cosa fea. La enfermedad es una de las cosas que entró en el mundo como resultado del pecado. Jesús se alegraba de poder sanar y ayudar a la gente.

Al día siguiente Jesús se levantó muy temprano, antes que amaneciera. Quería estar a solas en un lugar tranquilo donde nadie lo podría interrumpir porque quería hablar con su Padre celestial. Muchas veces Jesús se apartaba para hablar a solas con su Padre. Lo extrañaba y necesitaba hablar con él. El Padre amaba a Jesús y Jesús amaba a su Padre. A Jesús le encantaba estar a solas con Dios su Padre y deseaba agradarle.

Cuando ya se hizo de mañana y los discípulos y la gente no podían encontrar a Jesús, se empezaron a preocupar. ¿Dónde podría estar su maestro? ¿Lo volverían a ver? Por fin lo encontraron en un lugar desierto donde había ido a orar. (Orar es una palabra que significa hablar con Dios). La gente se acercó corriendo y le pidió que no se fuera y se quedara allí con ellos pero Jesús les dijo que debía ir a otras ciudades también porque Dios lo enviaba a enseñar a todos.

Y así Jesús fue de ciudad en ciudad en toda esa región de Galilea, enseñando en las sinagogas y sanando a los enfermos. Había mucha gente que le encantaba escuchar a Jesús contarles sobre Dios y el Cielo. Cuando esta gente se enteraba que Jesús no se podía quedar más tiempo en su ciudad, optaba por seguirle y estar cerca de él. De esa manera era común ver a una gran multitud siguiéndole por todas partes.

Una pesca milagrosa
Lucas 5 - Capernaúm

Una mañana, Jesús caminó hasta el lago. Vio las dos barcas de sus amigos pescadores, Simón Pedro y los hermanos Jacobo y Juan. Habían estado pescando durante la noche y ahora estaban limpiando y arreglando las redes.

Jesús se subió a la barca que era de Pedro y lo apartó un poco de tierra firme. Se sentó y empezó a enseñar a la gente. Cuando hubo terminado le dijo a Pedro: "Ven, sube y boga mar adentro así echas las redes para pescar."

Simón Pedro le respondió: "Maestro, hemos estado trabajando toda la noche y no hemos pescado nada. Pero si tú lo dices, echaré la red." Estaban preocupados porque no habían pescado nada en toda la noche. (Se suele pescar de noche) Si no pescaban, no tendrían nada que vender y sin vender no tendrían el dinero que necesitaban.

Cuando Pedro echó la red, la pesca era tan grande que tuvo que pedir ayuda a sus amigos, Jacobo y Juan que vinieran a su barca. ¡Y se llenaron las dos barcas tanto, que parecía que se iban a hundir!

Los pescadores se dieron cuenta que lo que sucedió no era algo normal sino que Jesús había hecho un milagro. Jesús les había mostrado cuánto les amaba y les suplió lo que necesitaban. Pedro se sintió muy conmovido de que Jesús les ayudara tanto que se arrodilló delante de él. Jesús le dijo a Simón Pedro: "No te asombres de esto, Pedro. En adelante no vas a pescar más peces sino que serás pescador de hombres."

Un enfermo es bajado por el techo
Lucas 5 - Capernaúm

Después de enseñar en muchas ciudades de Galilea, Jesús volvió nuevamente a Capernaúm. Tan pronto la gente de esa ciudad supo del regreso de su amado maestro, corrieron para verle y se agolparon en la casa. Ya no cabía más nadie adentro y aún había muchos fuera.

En la ciudad había un hombre paralítico que no podía caminar y estaba siempre postrado en su cama. Nunca había podido ir donde se encontraba Jesús para ser curado.

Ese día, algunos de sus amigos llegaron a su casa emocionados porque Jesús había regresado y querían llevárselo para que fuera sanado. Cada uno levantó una esquina de la camilla donde dormía y lo llevaron por las calles a la casa donde se encontraba Jesús. Pero cuando llegaron, había tanta gente afuera de la casa que ni siquiera pudieron acercarse a la puerta. ¡Qué desilusión para este pobre hombre y sus amigos!

Pero habiendo llegado hasta allí estaban determinados que de alguna manera tenían que ver a Jesús. Entonces se les ocurrió una idea.

La casa tenía una escalera por fuera que llevaba al tejado que era plano. Se usaba el techo para muchas cosas y a veces se dormía allí si hacía mucho calor.

Por las escaleras subieron estos hombres con su amigo enfermo y lo dejaron a un costado. Entonces estos amigos comenzaron a hacer una abertura en el techo, suficientemente grande para poder bajar al enfermo por él. Sujetaron cada esquina con una cuerda y entre todos, lo bajaron por el techo al lugar donde estaba Jesús.

Jesús se alegró mucho de ver la persistencia de estos hombres en querer ver sanado a su amigo y que verdaderamente creían que Jesús lo podía sanar. Pero Jesús no le dijo al enfermo: sé sano; le dijo algo más asombroso: "Hombre, tus pecados te son perdonados."

Entre la multitud había escribas y fariseos y cuando escucharon lo que le dijo al hombre empezaron a murmurar entre ellos diciendo: "¿Qué derecho tiene algún hombre para decir que los pecados son perdonados? Sólo Dios puede perdonar los pecados."

Es cierto que sólo Dios puede perdonar los pecados. Pero los escribas y fariseos no querían creer que Jesús era Dios. Jesús le dijo al hombre: "tus pecados son perdonados" con el propósito de que entendieran que él era Dios.

Jesús conocía los pensamientos de los escribas y fariseos y sabía que estaban buscando algún error en lo que decía.

Entonces les dijo: "¿Por qué creen que no tengo derecho de perdonar los pecados? Les probaré que soy Dios y que tengo ese derecho. Voy a hacer algo que sólo Dios puede hacer." Entonces se dio vuelta y se dirigió al hombre paralítico y le dijo: "Levántate, toma tu camilla y camina a tu casa."

Al instante el hombre se levantó, enrolló su camilla y se fue caminando, a su casa dando gloria a Dios.

Ningún médico podría haber curado a ese hombre de esta manera. Este milagro comprobó que Jesús no era un hombre común sino que era Dios, y siendo Dios, podía también perdonar los pecados. De la misma manera que perdonó los pecados de aquel hombre paralítico, así nos puede perdonar a nosotros nuestros pecados si oramos a él y se lo pedimos.

Jesús sana a un leproso
Lucas 5 - Galilea

Otro día, cerca de un pueblo un hombre leproso se le acercó a Jesús rogando ser sanado.

La lepra es una enfermedad terrible que afecta la piel y todo el cuerpo y en ese tiempo no tenía cura. Además, es una enfermedad contagiosa por lo tanto, las personas no podían seguir viviendo con sus familias sino que vivían en colonias fuera de la ciudad, en cuevas o donde encontraban algún refugio. Los familiares les traían comida pero siempre manteniéndose lejos por temor al contagio. Era una situación muy triste para los enfermos y aún para los familiares.

Este hombre leproso estaba desesperado. Se animó a acercarse a Jesús porque Jesús no estaba en la ciudad. Las demás personas que seguían a Jesús se alejaron rápidamente al ver el leproso pero Jesús no. Él no tenía miedo a esta enfermedad horrible. El leproso se arrodilló delante de Jesús, y con su rostro en tierra le rogó diciendo: "Señor, si quieres, puedes sanarme." Jesús extendió su mano y le tocó, diciendo: "Quiero. Sé sano." Inmediatamente la enfermedad se fue de su cuerpo por completo y su piel estaba limpia y saludable.

Jesús le pidió al hombre que no divulgara su sanidad pero sí debía ir al sacerdote para comprobar su sanidad y hacer la ofrenda que la ley de Moisés requería. Pero este hombre estaba tan feliz que no pudo guardar silencio y en el camino a casa les contó a todos lo que había sucedido. Por fin iba a poder volver a su casa, a su esposa e hijos. Su vida había cambiado por completo y no podía contener su gozo.

Mateo cambia de vida
Lucas 5 - Capernaúm

Nadie quería a Mateo por el trabajo que tenía. Era cobrador de impuestos y trabajaba para el gobierno romano. Todas las personas adultas debían pagar a los romanos un dinero llamado impuesto. En ese tiempo Israel no era un país libre sino que era gobernado por los romanos que habían conquistado ese país y otros también. Los judíos odiaban a los romanos y deseaban su propio rey. Nadie quería pagar ese dinero de impuesto que no iba a mejorar su propio país sino que iba a prosperar aún más a Roma. Por eso la gente no quería a aquellos que se ponían del lado de los romanos y cobraban ese dinero – los despreciaban y los consideraban traidores. Además, muchos de los cobradores eran deshonestos y les cobraban más a los judíos para guardarse una parte ellos mismos y así vivían mejor que los demás.

Un día en Capernaúm, mientras Jesús caminaba por la calle con sus amigos, vio a Mateo y le dijo: "Sígueme" porque quería que este cobrador de impuestos fuera uno de sus discípulos. A Mateo le encantó que fuese escogido. Se levantó inmediatamente y se fue con Jesús. Muchos años después Mateo escribió el primer libro del Nuevo Testamento que narra muchos acontecimientos en la vida de Jesús.

Lo primero que hizo Mateo fue invitar a Jesús y sus otros amigos a su casa a una gran fiesta en honor al Maestro. Los otros huéspedes eran cobradores de impuestos como había sido Mateo.

Pasaban por la casa de Mateo algunos escribas y fariseos y vieron a Jesús en casa de Mateo. Nadie quería asociarse con los cobradores de impuestos y los fariseos los odiaban más que todos. Los fariseos eran muy soberbios y se pensaban mejores que los otros hombres y jamás hablaban con ellos. Estaban sorprendidos de ver a Jesús hablando con personas tan despreciadas como Mateo y sus amigos. Le preguntaron a los discípulos: "¿Por qué su maestro come con cobradores de impuestos y pecadores?" Jesús escuchó la pregunta de los fariseos y él mismo les contestó: "Las personas sanas no necesitan un médico. No vine a llamar a gente buena sino a decir a los pecadores que se arrepientan de sus pecados."

Lo que quería que ellos entendieran era esto: Yo he venido para curar la peor enfermedad, el pecado. Ustedes, fariseos, piensan que son buenos y que no me necesitan. Esta gente sabe que me necesitan. Si son grandes pecadores, es justamente a ellos que he venido a ayudar en la tierra. Por eso como con ellos.

Jesús sana en el día de reposo
Lucas 6 - Capernaúm

Los escribas y fariseos se jactaban de guardar todas las leyes. Una de las leyes de las cuales eran más estrictos era la ley de guardar el descanso en el día de reposo que es el día sábado. Nosotros también descansamos del trabajo cotidiano el día domingo. Pero los escribas y fariseos eran tan estrictos que en el día de reposo ni siquiera ayudaban a una persona en necesidad o dolor.

Un día de reposo Jesús fue a la sinagoga como era su costumbre. Había una gran multitud que quería escucharle enseñar. También estaban los fariseos.

Cuando Jesús se puso de pie, pudo ver claramente a un hombre que tenía la mano derecha seca e inútil. Los escribas y fariseos sabían que ese hombre estaba allí entre ellos y sabía que Jesús había sanado a otros en el día de reposo. Ahora estaban atentos para ver si Jesús sanaría de nuevo y así tener de qué acusarle.

Pero Jesús sabía todo lo que estaban pensando. Después de enseñar, le dijo al hombre con la mano seca que se levantara para que todos lo pudieran ver. Entonces se dirigió a los fariseos y les preguntó: "¿Es lícito en el día de reposo hacer el bien, o hacer el mal? ¿Es lícito salvar una vida o quitarla?"

Nadie dijo nada. Jesús se dirigió al hombre y le dijo: "Estira tu mano." El hombre levantó la mano inútil que no había podido usar en años. ¡Estaba completamente sana!

A la gente le encantaba que Jesús estaba siempre dispuesto a ayudar al necesitado. (Los fariseos estaban tan ocupados en guardar las leyes que no tenían tiempo de pensar en los demás.) Muchos creyeron que Jesús era el Hijo de Dios cuando le escuchaban hablar de su Padre celestial. Las multitudes le seguían.

Pero los escribas y fariseos le tenían celos y le odiaban más y más. Le odiaban porque Jesús no los admiraba a ellos y muchas veces hablaba en contra de sus enseñanzas.

Al ver que sanó a este hombre, justo en el día de reposo, los escribas y fariseos se pusieron furiosos y hablaban entre ellos: "Debemos detener a este hombre para que deje de enseñar y hacer milagros."

Los doce discípulos
Lucas 6 - Galilea

Después de esto Jesús se alejó y fue a una montaña para orar. Es lo que le gustaba más: hablar con su Padre; y estuvieron conversando toda la noche.

Cuando amaneció, llamó a los discípulos a la montaña. Hacía tiempo que venía escogiendo a ciertos hombres para estar con él durante el tiempo que enseñaba a la gente. Ya había doce que serían sus seguidores especiales o discípulos. Cuando regresara al Cielo, estos hombres se encargarían de contar a todo el mundo lo que habían visto y oído.

Los nombres de los doce hombres elegidos por Jesús son:

- Andrés y su hermano, Simón Pedro,
- Jacobo y Juan, que eran los hijos de Zebedeo,
- Felipe,
- Bartolomé (Natanael), quien conoció a Jesús al principio de su ministerio,

- Mateo, el cobrador de impuestos,
- Tomás,
- Jacobo y Judas (Tadeo), hijos de Alfeo
- Simón el Zelote y
- Judas Iscariote.

Estos hombres muy diferentes, de diversas ciudades y profesiones se mantuvieron con Jesús durante el tiempo de su ministerio, entre dos y tres años, hasta que la obra de Jesús en la tierra se completó.

El sermón del monte
Mateo 5 a 7 - Cerca de Capernaúm

Cuando descendieron del monte ya se había juntado una enorme multitud que había llegado, algunos, de muy lejos, para escuchar a Jesús. Jesús se quedó en una parte un poco elevada para que lo pudieran ver y escuchar mejor. Ese día les enseñó muchas cosas que se conocen como el sermón del monte. Qué hermoso habrá sido estar sentado allí a los pies del monte y escuchar las mismas palabras de Jesús. Esas palabras hacen arder el corazón por conocer más a Dios y el Cielo. Aunque no lo podemos ver con nuestros ojos ni escucharlo, aún podemos saber lo que dijo porque están registrados en el Nuevo Testamento y el Espíritu Santo vivifica esas palabras para hacernos sentir que Jesús mismo nos habla.

Podemos saber todo lo que Jesús enseñó ese día porque su discípulo Mateo lo escribió todo. Dios le dijo que lo escribiera para que este sermón no sea olvidado y Dios le ayudó a que no se olvidara de nada. De esa manera nosotros y todo el mundo sabe lo que Jesús predicó aquel día.

Estas son algunas de las cosas que Jesús dijo aquel día:

"Dios bendice a los que confían totalmente en él, pues ellos forman parte de su reino." Tenemos fe cuando podemos confiar en Dios para todas las cosas.

"Dios bendice a los que sufren, pues él los consolará." En este mundo siempre tendremos algún sufrimiento o tristeza pero si confiamos en Dios, él nos ayuda a que sea más fácil y poder soportarlo.

"Dios bendice a los humildes, pues ellos recibirán la tierra prometida." Debemos siempre desear aprender más de Dios. La persona orgullosa y soberbia no desea aprender y no recibirá nada de Dios.

"Dios bendice a los que desean la justicia, pues él les cumplirá su deseo." Dios les dará un buen corazón a aquellos que lo deseen.

"Dios bendice a los que son compasivos, pues él será compasivo con ellos." Si somos amables y bondadosos a los que son débiles, o están sufriendo o en pecado, Dios recordará esas acciones bondadosas a los demás y será bondadoso a nosotros.

"Dios bendice a los que tienen un corazón puro, pues ellos verán a Dios. Dios bendice a los que trabajan para que haya paz en el mundo, pues ellos serán llamados hijos de Dios." Dios desea que nuestro corazón sea limpio y puro y él se puede revelar a personas así. También debemos siempre ayudar a los demás.

"Dios los bendecirá a ustedes cuando, por causa mía, la gente los maltrate y diga mentiras contra ustedes. ¡Alégrense! ¡Pónganse contentos! Porque van a recibir un gran premio en el cielo. Así maltrataron también a los profetas que vivieron antes que ustedes." Tienes la bendición de Dios cuando otros se burlan

de ti y quieren impedir que hagas el bien. No te desalientes cuando intentas hacer el bien y los demás se mofan y se ríen de ti. Dios dice que más bien esto no te debe molestar porque debes recordar que te espera una recompensa en el Cielo y además, mucho antes de ti, otros seguidores de Jesús fueron tratados de la misma manera.

Entonces Jesús les enseñó otra cosa importante diciendo: "Ustedes son la luz del mundo. La conducta de ustedes debe ser como una luz que ilumine y muestre cómo se obedece a Dios. Hagan buenas acciones. Así los demás las verán y alabarán a Dios, el Padre de ustedes que está en el Cielo." Cuando amamos a Jesús y tratamos de hacer el bien, estamos brillando para él como una luz y los demás pueden ver que somos diferentes.

También les enseñó que enojarse e insultar eran pecados graves y que si ofendemos a alguien debemos reconciliarnos con esa persona antes de orar a Dios.

Después les recordó una ley dada por Moisés hacía muchísimo tiempo que decía: "Amen a su prójimo y odien a su enemigo". Pero ahora Jesús les quería enseñar algo mejor: "Deben amar a sus enemigos y orar por ellos porque así demostrarán que actúan como su Padre Dios." Es muy fácil amar a los que nos quieren pero cuando hacemos el bien a los que nos hacen el mal y los bendecimos estamos haciendo algo muy excepcional. Estamos mostrando que el amor de Dios está en nosotros y le obedecemos porque le amamos.

Después Jesús les dijo otra cosa extraña y difícil: "Ustedes deben ser perfectos como Dios su Padre que está en el cielo, es perfecto." ¿Cómo podemos ser perfectos? Aunque siempre seremos pecadores, a Dios le agrada que deseemos ser perfecto como él. La actitud de nuestro corazón es lo que hace la diferencia.

Jesús también les enseñó que era importante dar a los que tienen necesidad y ayudar a otros pero que no debíamos jactarnos de nuestra propia bondad. Les dijo: *"Cuando alguno de ustedes ayude a los pobres, no se lo cuente a nadie. Así esa ayuda se mantendrá en secreto, y Dios el Padre que conoce ese secreto, les dará a ustedes su premio."*

Jesús entonces les aclaró algo muy importante: *"Si ustedes perdonan a otros el mal que les han hecho, Dios, su Padre que está en el cielo, los perdonará a ustedes. Pero si ustedes no perdonan a los demás, tampoco su Padre los perdonará a ustedes."*

Es importante perdonar a todos los que nos hacen mal porque de lo contrario nuestro corazón se llena de sentimientos impuros y así no agradamos a Dios ni nos puede perdonar él a nosotros por las cosas malas que hacemos. También enseñó Jesús que debemos tratar a los demás como nosotros queremos que nos traten, porque eso nos enseña la Biblia.

Jesús les dijo a la multitud: *"No traten de amontonar riquezas aquí en la tierra. Esas cosas se echan a perder o son destruidas o robadas. La verdadera riqueza consiste en obedecerme de todo corazón."*

Jesús les enseñó que Dios no quería que vivieran preocupados. Les dijo: *"Confíen en Dios para todas las cosas porque él sabe todo sobre ti y lo que necesitas. Mira los pájaros y las flores del campo. Ellos no trabajan, sin embargo Dios los cuida. ¡Y ustedes son más importantes que ellos! Si Dios hace tan hermosas a las flores, que viven tan poco tiempo, ¿acaso no hará más por ustedes? Así que no se preocupen por nada y confíen siempre en su Padre celestial quien les dará cada día lo que necesiten."*

La casa sobre la roca y la casa sobre la arena
Mateo 7 - Cerca de Capernaúm

Jesús terminó este tiempo de enseñanzas con un ejemplo para mostrar que hay dos clases de personas: los que escuchan la enseñanza y obedecen, y los que escuchan y no hacen caso. Esto es lo que les dijo: "El que escucha lo que yo enseño y hace lo que yo digo, es como una persona precavida que construyó su casa sobre piedra firme. Vino la lluvia, y el agua de los ríos subió mucho, y el viento sopló con fuerza contra la casa. Pero la casa no se cayó, porque estaba construida sobre piedra firme. Por el contrario, el que escucha lo que yo enseño y no hace lo que yo digo es como una persona tonta que construyó su casa sobre la arena. Vino la lluvia, y el agua de los ríos subió mucho, y el viento sopló con fuerza contra la casa. Y la casa se cayó y quedó totalmente destruida."

¿Qué se aprende de esa historia? Que los inteligentes son los que escuchan la enseñanza de Jesús y la obedecen.

Todas las personas estaban muy atentas escuchando cada palabra. Lo que decía

Jesús era maravilloso. Nunca habían escuchado cosas semejantes. Y hablaba con autoridad como si conociera a Dios – como si hubiera bajado del cielo para traerles un mensaje directamente de su Padre celestial. Muchas veces hablaba como si él mismo fuese Dios y la gente quedaba asombrada.

Cuando Jesús empezó a enseñar, la gente creía que era un profeta sabio o maestro pero al escucharlo más y ver los milagros que hacía, muchos empezaron a creer que él verdaderamente era el Cristo, el Salvador prometido.

Jesús sana el sirviente de un capitán romano
Lucas 7 - Capernaúm

Cuando Jesús terminó de enseñar a la gente, se fue al pueblo de Capernaúm. Allí vivía un capitán del ejército romano, que tenía un sirviente a quien apreciaba mucho. Ese sirviente estaba muy enfermo y a punto de morir.

Cuando el capitán oyó hablar de Jesús, mandó a unos jefes de los judíos para que lo buscaran y le dijeran: "Por favor, venga usted a mi casa y sane a mi sirviente."

Ellos fueron a ver a Jesús y le dieron el mensaje. Además, le rogaron: "Por favor, haz lo que te pide este capitán romano. Merece que lo ayudes, porque es un hombre bueno. A los judíos nos trata bien, ¡y hasta mandó construir una sinagoga para nosotros!"

Jesús fue con ellos, y cuando estaban cerca de la casa, el capitán romano mandó a unos amigos para que le dijeran a Jesús: "Señor, no se moleste usted por mí; yo no merezco que entre en mi casa. Tampoco me siento digno de ir a verlo yo mismo. Solamente le ruego que ordene que mi sirviente se sane; yo sé que él quedará completamente sano."

Al escuchar las palabras del capitán, Jesús se quedó admirado y les dijo a quienes lo seguían: "En todo Israel no he encontrado a nadie que confíe tanto en mí, como este capitán romano."

Cuando los mensajeros regresaron a la casa, encontraron al sirviente completamente sano.

Jesús resucita un joven muerto
Lucas 7 - Naín

Jesús ahora se dirigió a la ciudad de Naín, unos kilómetros al sur de Nazaret. Iba con sus discípulos. También había gente que le seguía porque creía en él y además, le seguía una gran multitud que tenía curiosidad o deseaba ser sanada.

Al acercarse a la entrada de la ciudad se encontraron con una procesión fúnebre que iba a enterrar un joven de la ciudad. Estaban todos muy tristes porque era el único hijo de una mujer cuyo esposo también había fallecido. Jesús sintió compasión cuando vio la gran tristeza de esta mujer y le dijo suavemente: "No llores." Y entonces tocó el féretro, y los que lo llevaban se detuvieron. Y dijo Jesús: "Joven, a ti te digo, ¡levántate!"

Inmediatamente se sentó el que había muerto y comenzó a hablar.

¡La gente casi no podía creer lo que veían sus ojos! Jamás se ha sabido de un médico que haya podido devolver la vida a un muerto. Sólo Dios puede hacer eso. La gente que vio este milagro empezó a glorificar a Dios y decir que un profeta se había levantado ente ellos y que Dios había visitado su pueblo.

La noticia se extendió por toda la región y los alrededores.

La parábola del sembrador
Lucas 8 - Genesaret

Cierto día Jesús se encontraba en la orilla del hermoso Lago de Galilea y mucha gente estaba con él deseando que les enseñara. La mejor manera de hablarles era meterse en una barca y alejarse un poco de tierra firme y así todos lo verían y lo escucharían mejor.

La mayoría de la gente que le seguía era gente muy sencilla y trabajadora. No sabían leer ni escribir. Para que pudieran entender y recordar mejor sus enseñanzas, muchas veces Jesús les contaba historias. A veces les contaba una historia con un significado oculto. Este tipo de historia se llama parábola.

Ese día les contó la parábola del sembrador. Así empieza: *"Un sembrador salió a sembrar su semilla. Y al sembrar, una parte de la semilla cayó en el camino, y fue pisoteada, y las aves se la comieron. Otra parte cayó entre las piedras; y cuando esa semilla brotó, se secó por falta de humedad. Otra parte de la semilla cayó entre espinos; y al nacer juntamente, los espinos la ahogaron. Pero otra parte cayó en buena tierra; y creció, y dio una buena cosecha, hasta de cien granos por semilla."* (Lucas 8:5-8).

Más tarde Jesús les explicó a sus discípulos el significado de la parábola. La semilla es la Palabra de Dios. Cuando la gente escucha la Palabra sin entenderla, inmediatamente viene Satanás y quita esas palabras y son olvidadas. Estas son las semillas que son sembradas por el camino y son comidas por los pájaros.

Las semillas que son sembradas entre las piedras representan aquellos que escuchan la Palabra de Dios con gozo pero no tienen raíces o fundamento. Cuando llegan los problemas o cuando se ríen de ellos por ser cristiano, abandonan. Sólo creen por poco tiempo.

Las semillas sembradas entre espinos representan aquellos que escuchan la Palabra de Dios pero están ocupados con los asuntos de este mundo y se preocupan por hacerse ricos. La palabra que han escuchado es ahogada por otras cosas que les interesa más. No llegan a tener fruto.

Las semillas sembradas sobre buena tierra son aquellos que escuchan la Palabra de Dios y la entienden y permiten que crezca en sus vidas, haciendo raíces para que así crezca la bondad y el amor en sus vidas.

La parábola del trigo y la cizaña
Mateo 13 - Genesaret

Jesús contó otra parábola: El reino de los cielos es como un hombre que sembró buena semilla en su campo. Por la noche, vino el enemigo y sembró cizaña entre el trigo y se fue.

Cuando creció el trigo, también creció la cizaña. Los sirvientes del hombre le preguntaron: "¿Señor, no sembraste buena semilla en tu campo? ¿De dónde pues, sale toda esta cizaña?"

El amo les contestó: "Un enemigo ha hecho esto."

Los sirvientes le preguntaron al amo: "¿Quieres que vayamos y arranquemos la cizaña?" Pero el amo les dijo: "No, ahora no. No sea que al arrancar la cizaña también arranquen con él el trigo. Dejen que crezcan juntos hasta la siega y entonces daré órdenes a los segadores que recojan primero la cizaña y la quemen y luego que recojan el trigo y lo guarden en el granero."

Luego, cuando Jesús y los discípulos habían regresado a la casa donde paraban, los discípulos le pidieron que explicara esta parábola. Entonces les dijo: Yo soy el que siembra la buena semilla. El campo es el mundo; la buena semilla son las personas buenas; la cizaña son las personas malas. El enemigo que las sembró es el diablo; la siega es el fin del mundo y los segadores son los ángeles."

Entonces les explicó: "Muchas veces encontrarán gente mala junto con gente buena. Pero en el final de los tiempos enviaré mis ángeles para sacar la gente mala de mi Reino y será echada al horno de fuego. Pero la gente buena resplandecerá como el sol en el Reino de mi Padre."

Jesús calma el viento y las olas
Marcos 4 - Galilea

Jesús estuvo varios días enseñando a la gente a la orilla del Lago de Galilea, hablándoles en parábolas y sanando a los enfermos.

Un día les dijo a sus discípulos: "Pasemos al otro lado del lago." Así que subieron a una barca y empezaron a remar. Jesús se fue a la popa de la barca y se acostó. Había estado con la gente muchos días y estaba muy cansado así que se quedó dormido enseguida. Era muy agradable descansar allí sobre el agua que mecía la barca suavemente y con una deliciosa brisa.

Pero pronto esa escena tranquila cambió por completo. Nubes grandes y oscuras se formaron y un viento fuerte empezó a soplar y entonces el lago dejó de estar sereno y las olas se hacían cada vez más grandes y golpeaban la barca fuertemente.

Jesús estaba tan exhausto que seguía durmiendo.

La situación empeoraba. El cielo estaba oscuro; el fuerte viento levantaba las olas de manera que el agua entraba a la barca y pronto el agua cubría el fondo.

Los discípulos eran buenos marineros pero esta situación era muy grave y temían por sus vidas. Si sólo se despertara Jesús – él los podría ayudar.

Por fin, cuando la tormenta era aún más violenta y los discípulos se sentían en peligro de ahogarse, despertaron a Jesús: "¡Maestro! ¡Maestro! ¡Nos ahogamos!"

Jesús se levantó y dio una orden al viento, y dijo al mar: "¡Cálmese! ¡Quieto!"

Se calmó el viento, y las olas se aquietaron y las nubes negras se alejaron y en pocos minutos había un cielo azul, unas aguas quietas, una suave brisa y la barca meciéndose suavemente sobre el lago.

Los discípulos quedaron asombrados del cambio que vino. Miraban a Jesús y casi no podían creer lo que había sucedido. ¡Quién era ese hombre que aún el viento y las olas le obedecían! Solamente Dios podría gobernar la naturaleza y levantar a los muertos. Y Jesús también los regañó a ellos diciendo: "¿Por qué estaban tan asustados? ¿Todavía no confían en mí?" Aún después de ver tantas cosas sobrenaturales y verdaderos milagros, parece que los discípulos todavía no estaban seguros de quién era Jesús en verdad.

Habían llegado a la parte sur del lago, a una región llamado Gadara. Se quedaron allí unos días. Jesús enseñaba y sanaba a la gente.

La hija de Jairo
Lucas 8 - Capernaúm

Cuando volvió Jesús con sus discípulos, encontraron una multitud de gente esperándolos con gran alegría. Estaban contentos de ver nuevamente a su amado Maestro.

Entonces vino a Jesús un hombre importante llamado Jairo que era principal de la sinagoga. Jairo tenía una sola hija de doce años a quien amaba muchísimo. Ahora esa hija estaba muy enferma y a punto de morir.

Cuanto supo que Jesús había regresado Jairo corrió para verlo porque sabía que sólo él podía salvarla. Se arrodilló a los pies de Jesús y le rogó que fuera con él a su casa. Jesús aceptó y empezó a caminar con Jairo hacia su casa. Pero también se sumó toda la multitud. Todos rodearon a Jesús, apretándole por todas partes.

Algo notable sucedió en esa caminata. Había una mujer que hacía doce años que tenía una pérdida de sangre. Había gastado todo su dinero en médicos pero ninguno le había podido curar. Ella sabía que Jesús sí podía sanarla pero no se animaba a pedírselo y pensó que si tan sólo tocaba el borde de su túnica, ella sanaría y entre tanta gente, nadie sabría.

Así que en algún momento de esa caminata hacia la casa de Jairo, esta mujer se pudo acercar a Jesús y le tocó el borde de su túnica e inmediatamente sintió que estaba sana. Pero Jesús se había dado cuenta y dijo: "¿Quién me ha tocado?" Pedro le dijo: "Maestro, la multitud te aprieta y oprime. Todos te están tocando. ¿Cómo puedes preguntar quién te ha tocado?"

Jesús le contestó: "Yo sé que alguien me ha tocado porque he sentido que ha salido poder de mí."

Cuando la mujer escuchó estas palabras se dio cuenta que lo que había hecho no había quedado oculto sino que Jesús sabía que alguien había sido curado. Tenía miedo pero temblando y postrándose a los pies de Jesús le confesó que había sido ella.

Jesús no estaba enojado, más bien le agradaba ver su fe. Y Jesús sentía compasión por todos los que tenían necesidad. Le dijo: "Hija, porque has creído, has recibido sanidad. Ve en paz."

Qué feliz que debe haber estado esa mujer – sana por fin - y no olvidaría nunca que Jesús le habló con tanta ternura y la llamó "¡hija!"

Todo este acontecimiento en el camino a la casa de Jairo había hecho que se demoraran. En la casa de Jairo había una gran tristeza porque la niña había fallecido.

Llegó un sirviente de Jairo avisándole que ya no hacía falta molestar más al Maestro. Era demasiado tarde porque su hija ya había muerto.

Esta gente pensaba que Jesús era como un maravilloso médico que podía curar toda clase de enfermedades. Lo habían visto dar vista a los ciegos y sanar a los sordos pero dar vida a un muerto era algo tan imposible que ni soñaban pedirlo.

Antes que Jairo se pusiera triste Jesús le dijo tranquilamente: "No tengas miedo, sólo cree y ella estará bien nuevamente."

Cuando llegaron a la casa, estaba llena de gente porque habían ido a consolar a la pobre madre. Todos lloraban y se lamentaban. Jesús les dijo: "¿Por qué lloran? La niña no está muerta. Sólo duerme."

Pero todos se burlaron de él porque ellos mismos habían estado allí y habían visto cuando murió. Primero Jesús los hizo salir de la casa. Se quedaron sólo los padres, Pedro, Juan y Santiago. Jesús se acercó a la niña y le tomó de una mano y le dijo: "Muchacha, ¡levántate!"

En ese momento el espíritu de la niña volvió a su cuerpo. Ella abrió sus ojos y luego se levantó. Jesús le dijo a la madre que le diera algo de comer porque sabía que la niña hacía mucho que no había podido comer por estar tan enferma.

Sus padres estaban atónitos. Había sucedido algo tan impensable como maravilloso y esa noche en esa casa reinaba la felicidad. Jesús les había dicho que no contaran a nadie lo que había sucedido pero entre ellos no podían dejar de comentar lo que había ocurrido y maravillarse.

Un rey con miedo
Marcos 6 - Maqueronte

En ese tiempo, gobernaba sobre la región de Galilea el rey Herodes Antipas, hijo de Herodes el Grande quien había querido matar a Jesús cuando nació. Herodes estaba muy preocupado al escuchar todas las cosas extraordinarias que hacía Jesús. Le remordía la consciencia porque había hecho muchas cosas malas.

Herodes se había divorciado de su esposa y se había casado con la esposa de su hermano Felipe. Esto no estaba nada bien y Juan el Bautista se había atrevido a decírselo para que se arrepintiera. Pero Herodes no se arrepintió y estaba enojado con Juan por haberlo reprendido.

Juan seguía predicando sobre el Reino de Dios cerca del río Jordán. Para silenciarlo, Herodes envió unos soldados para arrestarlo. Lo encadenaron y lo metieron en la cárcel. Y aún allí Juan les hablaba a los demás prisioneros del

Reino de Dios.

La esposa de Herodes, Herodías, estaba aún más enojada con Juan y lo odiaba y lo quería muerto pero Herodes no se animaba a matar a Juan porque sabía que era un hombre justo y santo, aunque no entendía bien la enseñanza de Juan. Herodes sabía también que toda la gente creía que Juan fue enviado por Dios. Si él fuera matado por el rey la gente podría levantarse en revuelta y asaltar el palacio. Pero Herodías estaba decidida a matar a Juan de alguna manera y buscaba la ocasión de hacerlo.

Llegó el día del cumpleaños de Herodes y lo festejó dando una gran cena para la gente más importante de la ciudad. Quería impresionar a todos. Había mucha comida y mucha bebida. En medio de la fiesta entró la hija de Herodías y bailó para todos los presentes y agradó tanto a Herodes que le juró que le daría todo lo que pidiera, aún la mitad de su reino. La joven no sabía qué pedir así que fue a su madre, la reina malvada, y le preguntó: "¿Qué debo pedir?" Herodías había estado esperando este momento y le contestó: "Pide la cabeza de Juan el Bautista."

La joven entonces regresó a la sala de festejo y le dijo a Herodes: "Mi deseo es que me des en un plato la cabeza de Juan el Bautista."

Herodes quedó horrorizado. Nunca esperó que le pidiera tal cosa. Pensó que pediría algún collar o joya pero le había jurado que le daría lo que pidiera delante de todos así que se lo tenía que dar a pesar que no lo deseaba hacer. Herodes estaba muy preocupado. No quería matar a Juan porque sabía que era un hombre bueno pero delante de sus huéspedes no podía romper un juramento. Al final Herodes no vio salida y llamó a uno de los soldados. Le dijo que fuera a la prisión, le cortara la cabeza a Juan el Bautista y se la trajera a la sala de banquete. El soldado cumplió las órdenes del rey y en poco tiempo volvió trayendo sobre un plato la cabeza de Juan. La joven recibió el plato y se lo llevó a su madre.

Cuando los discípulos de Juan oyeron lo que había sucedido estaban muy tristes. Fueron a la prisión para que le entreguen el cuerpo de su amado maestro y le dieron sepultura con mucho amor.

Después de la muerte de Juan el Bautista el rey Herodes quedó muy preocupado. Sabía que había hecho mal y tenía cargo de conciencia y a veces le costaba dormir. Empezó a escuchar informes de un tal Jesús que lo ponían incómodo y le quitaban la paz. ¿Quién era este hombre que hacía milagros y aún podía levantar de la muerte? Algunos estaban diciendo que era Juan el Bautista resucitado de los muertos. Otros decían que era el profeta Elías que había regresado. Aún otros pensaban que era otro de los antiguos profetas que había resucitado.

Herodes estaba intranquilo y tenía interés de escuchar por sí mismo a Jesús.

Los discípulos preparan el camino para Jesús
Lucas 9 - Capernaúm

Juan el Bautista ya había terminado su obra de heraldo o mensajero, preparando el camino para que Jesús pudiera empezar a enseñar sobre su Padre.

Los discípulos ya habían estado con Jesús un tiempo y habían aprendido mucho. Jesús entonces reunió a los doce y les dijo que los enviaba de dos en dos, en una misión como mensajeros, para preparar el camino para su llegada.

Debían predicar que los hombres se arrepintiesen porque el Reino de los Cielos estaba cerca. Les dio autoridad para sanar toda clase de males y enfermedades.

Los discípulos debían ir a todas las ciudades de los judíos. No debían llevar comida ni dinero ni ropa extra. En cada ciudad debían encontrar algunas personas buenas que les dieran alojamiento durante su estadía en aquel lugar. Y si las personas de esa ciudad no querían recibirlos debían ir a otra.

De esa manera pronto se supo en todas las ciudades, de estos hombres que hablaban como Juan el Bautista, anunciando que el Reino de Dios estaba cerca y había que estar listo para ello.

Cuando habían cumplido su misión, los apóstoles se reunieron con Jesús nuevamente. Estaban cansados y había mucho que contarle a Jesús. Lo mejor sería tratar de estar solos, fuera de la ciudad y lejos de la gente que les seguía y no les daban tiempo de comer.

Antes de continuar, y decir lo que sucedió cuando volvieron los discípulos, quería contarte que más tarde Jesús envió a otros setenta seguidores suyos en una misión igual con las mismas instrucciones para que vayan delante de él, preparando a la gente para su venida.

Jesús sabía que no era una tarea fácil la que debían hacer y podría ser una misión peligrosa y les dijo: "*Son muchos los que necesitan entrar en el reino de Dios, pero son muy pocos los que hay para anunciar las buenas noticias. Por eso, pídanle a Dios que envíe más seguidores míos, para que compartan las buenas noticias con toda esa gente. Y ahora, vayan; pero tengan cuidado, porque yo los envío como quien manda corderos a una cueva de lobos.*" (Lucas 10:2, 3)

Más tarde cuando volvieron estos setenta seguidores de su misión, volvieron con mucho gozo contando de todas las grandes cosas que habían sucedido y Jesús estaba sumamente gozoso y saltaba de alegría.

Jesús alimenta a cinco mil personas
Lucas 9 - Betsaida

¿Qué ocurrió cuando volvieron los doce discípulos de su misión extraordinaria? Estaban ansiosos de contarle a Jesús todo lo que había sucedido. Deseaban hablar en privado con él, pero con tanta gente a su alrededor eso no era posible. Querían ir a un lugar solitario donde pudieran descansar y hablar con Jesús a solas, así que se subieron a una barca y remaron hacia el otro lado del lago.

Pero muchos que los vieron empezaron a seguirlos y como iban corriendo, al llegar Jesús al otro lado, ellos ya le estaban esperando.

Cuando Jesús los vio tuvo gran compasión de ellos porque se habían esforzado en llegar allí. Les enseñó todo el día y nadie se dio cuenta lo tarde que se había hecho. Ya estaba bajando el sol y no habían comido nada. Todos tenían hambre.

Los discípulos se acercaron a Jesús para aconsejarle que despidiera a la gente para que tengan tiempo de ir a alguna ciudad para conseguir comida. Pero Jesús les dijo que ellos mismos les dieran de comer -eran unos cinco mil hombres, sin contar las mujeres y los niños. Los discípulos no podían entender cómo podrían dar de comer a tanta gente ya que haría falta muchísimo dinero. No se dieron cuenta que para Jesús, nada es imposible.

Jesús les preguntó: "¿Cuántos panes hay? Vayan a averiguarlo." Volvieron con la respuesta trayendo cinco panes y dos peces.

Jesús les mandó que hicieran sentar a la gente en grupos de cien y de cincuenta. Entonces Jesús tomó los cinco panes y los dos peces y levantando los ojos al cielo, le dio gracias a Dios por los alimentos. Luego los partió y dio a los discípulos para que repartieran a toda la gente.

Los discípulos pusieron la comida en cestas y fueron repartiendo a todos y aunque cada uno sacó lo suficiente, ¡las cestas seguían llenas! Nadie se quedó sin comer y todos quedaron satisfechos. ¡Y aún sobró! Sí, al final había más cantidad que al principio.

Después que todos hubieran comido Jesús les dijo a los discípulos que juntaran todo lo que había sobrado para no malgastar la comida y recogieron 12 cestas de los trozos rotos que habían quedado de los cinco panes y dos peces. Más de cinco mil personas habían comido bien con tan poco y ¡aún había sobrado una gran cantidad!

Jesús camina sobre las aguas
Mateo 14 - Lago de Galilea

Jesús despidió a la gente para que volviera a sus casas y luego les dijo a los discípulos que vayan en la barca a Betsaida. Él quería estar a solas con Dios, orando, y luego se reuniría con ellos.

Los discípulos empezaron a remar mientras que Jesús subió a un monte para orar. Jesús necesitaba hablar con su Padre. Lo extrañaba y para él era necesario sentirlo muy cerca.

Ya se hizo de noche cuando los discípulos se encontraron en la mitad del lago. Hubiera sido un trayecto agradable remar con una brisa fresca después de un día caluroso, y si también hubiera habido la luz de la luna para alumbrarles. Pero esa noche había muchas nubes y pronto empezó a soplar un fuerte viento. El Lago de Galilea es un lago grande y ellos debían remar una distancia de sólo unos diez kilómetros pero con el viento fuerte en contra no avanzaban nada. El viento agitaba las olas y las grandes olas agitaban la barca y era necesario unas maniobras expertas para que la barca no se diera vuelta y se ahogaran. Pero a pesar de que había buenos marineros entre los discípulos, se estaban cansando porque ya habían pasado varias horas.

Entonces Jesús los vio luchando contra el viento en medio del lago. Él no calmó el viento esta vez sino que empezó a caminar hacia ellos sobre el mar. Cuando los discípulos lo vieron acercarse, tuvieron mucho miedo porque pensaron que era un fantasma. ¿Qué más podría ser si las personas no pueden caminar sobre el agua? Y comenzaron a gritar de miedo.

Por supuesto que no hay fantasmas pero aún la persona más valiente estaría alarmada de ver una figura caminando sobre el agua. Jesús no quería que tuvieran miedo y les gritó sobre el ruido de las olas y el viento: "¡Tranquilos! Soy yo. No tengan miedo."

Cuando Pedro se dio cuenta que era el Maestro y recordó las cosas milagrosas que había hecho él, le dijo: "Señor, si eres tú, mándame que vaya a ti sobre el agua."

"Ven," dijo Jesús.

Pedro bajó de la barca y caminó sobre el agua, con sus ojos puestos en Jesús. Pero al sentir el viento fuerte, y las grandes olas tuvo miedo. Dejó de mirar a Jesús y comenzó a hundirse. Entonces gritó: "¡Señor, sálvame!"

En seguida Jesús le tendió la mano y, sujetándolo, lo reprendió: "Pedro, tú confías muy poco en mí. ¿Por qué dudaste que yo impediría que te ahogaras?" Jesús sostuvo a Pedro y los dos caminaron hasta la barca.

En cuanto subieron a la barca, se calmó el viento. Los discípulos estaban maravillados y creyeron que Jesús era verdaderamente el Hijo de Dios. Por lo tanto lo adoraron allí mismo. Luego, miraron a su alrededor y se dieron cuenta que ya habían llegado a la orilla. ¡No hacía falta seguir remando!

Los enemigos de Jesús
Mateo 15 - Genesaret

Al llegar a tierra se encontraron en Genesaret. Ni bien salieron de la barca, la gente los reconoció y empezaron a dar la voz por todas partes que había llegado Jesús.

¡Qué alboroto! ¡Estaba aquí Jesús que sanaba a los enfermos! Sin perder más tiempo corrieron para traer los enfermos a él. Y por todos los lugares donde iba Jesús, le traían los enfermos y los sanaba. También le pedían que les permitiese tan sólo tocar el borde de su manto y los que lo hicieron, fueron sanados.

En los tiempos de Jesús, las ciudades no eran tan grandes como la mayoría de hoy en día porque por lo general había menos gente. Genesaret era una pequeña ciudad sobre el Lago de Galilea y a unos ciento cincuenta kilómetros de la ciudad capital de Jerusalén. Es una distancia muy grande para caminar y aun cuando uno viaja en burro o caballo. Esa gran distancia no impidió que algunos enemigos de Jesús viajaran hasta donde él estaba para mentir acusándolo de haber hecho cosas malas.

Los llamamos enemigos porque no estaban a favor de lo que decía y hacía Jesús. Mayormente esta gente eran fariseos y escribas. Estas personas eran muy arrogantes y creían que eran mejores que los demás porque se esforzaban para obedecer la ley de Dios. También se habían inventado otras muchas reglas para ser aceptados por Dios. Creían que cualquiera que no guardara estas normas, además de las leyes dados por Dios a Moisés, era un gran pecador.

Los fariseos y escribas eran tan orgullosos que jamás se relacionaban con la gente común y trabajadora como la gente que seguía a Jesús. Ellos menospreciaban a Jesús porque no había estudiado en una escuela de renombre y se asociaba con pescadores y gente pobre y hasta comía con ellos y con cobradores de impuestos, que eran odiados por todos.

Los fariseos habían escuchado muchas cosas sobre Jesús – cosas buenas, pues la gente hablaba maravillas de él y quedaban asombrados de las sanidades que efectuaba de cualquier enfermedad. También escucharon que había resucitado a personas muertas. A los fariseos no les gustaba nada la popularidad de Jesús ni que la gente dejara de escucharlos a ellos por seguir a Jesús.

Tampoco les gustaba saber que Jesús predicaba muy diferente a ellos y por eso creían que la enseñanza de Jesús era falsa. Un ejemplo de esto era que sanaba a los enfermos en el día de reposo lo cual estaba prohibido por las normas de los fariseos. Por estas razones creían que debían pararle pues ellos decían que engañaba a la gente.

Por eso se hallaban algunos fariseos y escribas en Genesaret. Habían venido a escuchar a Jesús, pero no para aprender sino para encontrar faltas en él y tener motivo para denunciarlo y detenerlo.

Una de las cosas que los fariseos criticaban era que los discípulos no se lavaban las manos antes de comer. Esta era una costumbre muy importante para ellos y pensaban que los discípulos eran muy malvados por no cumplir esta norma. Pero esto era algo que no fue dado por Dios sino que era una de muchísimas normas que los hombres mismos habían ideado y que llegaron a ser costumbres judías; pero no era algo que Dios exigía.

Jesús, que sabía lo que había en el corazón de los fariseos, les quiso enseñar una lección importante y les dijo que comer sin lavarse las manos no hace malvada a la persona. No es pecaminoso lo que entra en el cuerpo por comer, sino lo que sale de su corazón como la mentira, el robo, el homicidio. Los fariseos no lo entendieron y se enojaron mucho porque Jesús no dio importancia a sus enseñanzas, más bien lo contrario: dijo que otras cosas eran más importantes que guardar sus normas.

Un día Jesús les dijo a todos: *"Yo soy el pan de vida: él que viene a mí, nunca tendrá hambre y él que cree en mí nunca tendrá sed. Yo soy el pan que desciende del cielo".*

Pero algunos dijeron: "¿Acaso no es este Jesús, el hijo del carpintero? ¿Cómo puede decir que ha descendido del Cielo?" Y cómo no entendían, muchos dejaron de seguirlo.

Jesús sana a toda clase de enfermos
Marcos 7 - Fenicia y Decápolis

De allí Jesús se fue a una región al noroeste, cerca del Mar Mediterráneo llamada Fenicia. Allí había dos ciudades importantes: Tiro y Sidón. Una mujer se le acercó a Jesús implorándole que sanara su hija que estaba muy enferma. Jesús vio que esta mujer tenía mucha fe aunque no era judía y le agradó su persistencia. Le dijo: "Mujer, ¡qué grande es tu fe! Que se cumpla lo que quieres." ¡Te imaginas la gran alegría de esta mujer al volver a su casa y encontrar sana a su hija!

Luego volvió Jesús al sur y en la región de Decápolis sanó a muchos enfermos. Por donde iba Jesús le seguía mucha gente y le traían personas con toda clase de males y enfermedades.

Algunos eran cojos y venían cojeando de dolor con la ayuda de muletas. Otros que nunca habían caminado eran llevados por amigos y parientes. A los que eran ciegos los guiaban de la mano. Venían sordos que nunca habían escuchado y mudos que nunca habían podido hablar, mancos sin una mano y otros males de toda clase.

Uno por uno Jesús los sanó. ¿Puedes imaginar la inmensa alegría cuando un ciego recibía la vista y podía ver a sus seres queridos y a su alrededor por primera vez? Y no sólo él se alegraba sino todos sus conocidos y aún los desconocidos se alegraban de ver a alguien que había recibido un milagro y saber que su vida había cambiado para siempre.

Toda la gente se maravillaba y glorificaba a Dios.

Jesús da de comer a más de cuatro mil personas
Mateo 15 - Genesaret

Cierta vez Jesús se había subido a un monte cerca del Lago de Galilea y la multitud era tan grande que tuvo que quedarse por tres días. Seguramente la gente que había venido de lejos llevaba alimento. Y dormirían a la intemperie ya que en el verano es muy cálido y agradable.

Pero nadie se quería ir. Imagina que tú fueses ciego y nunca habías podido ver, y ahora has venido a ver a Jesús para ser sanado pero aún no has podido acercarte lo suficiente y aún estás esperando tu turno. ¿Piensas que te irías a casa a buscar algo para comer y perder tu oportunidad de que Jesús te dé la vista? No, te quedarías muy cerca de Jesús, como lo hizo esa gente. ¡No perderías la oportunidad aunque estuvieras muy hambriento!

Después de tres días Jesús terminó su trabajo. ¡Qué momento especial para todos aquellos que habían sido sanados! En total habían cuatro mil hombres sin contar las mujeres y los niños, todos muy felices, muchos disfrutando una nueva vida, pudiendo caminar, ver, escuchar o hablar por primera vez. Habían venido sufriendo pero regresarían con gozo.

Ya era hora de volver cada uno a su casa pero Jesús sabía que la multitud tenía hambre y tuvo compasión de ellos. No quería despedirlos por si se desmayaran en el camino ya que algunos habían venido de lejos.

Los discípulos dijeron: "¿Dónde podemos conseguir alimento para tantos si estamos lejos de la ciudad?"

Jesús preguntó: "¿Cuántos panes tienen?" "Siete, y algunos pececillos," respondieron.

Jesús dijo a la multitud que se sentara y luego tomó los siete panes y levantando sus ojos al cielo, le agradeció a Dios por los alimentos, como también debemos hacer nosotros antes de comer. Luego partió los panes y les dio a los discípulos para que repartieran entre la gente.

La gente tenía mucha hambre y comieron hasta satisfacerse. Mmmm...¡Qué rico que sabía! Cuando todos habían comido los discípulos recogieron lo que sobró de los trozos y llenaron ¡siete canastas! Por segunda vez Jesús multiplicó los alimentos y dio de comer a miles.

Una pregunta para los discípulos
Mateo 16 - Cesarea de Filipo

Otra vez Jesús se alejó del Lago de Galilea y llevó a los discípulos a un lugar llamado Cesarea de Filipo. Quedaba al norte, en línea recta por el río Jordán, unos sesenta kilómetros. Aquí Jesús les hizo una pregunta a los que lo acompañaban: "¿Quién dice la gente que soy yo?"

Los discípulos le contestaron: "Algunos dicen que eres Juan el Bautista, algunos dicen que eres el profeta Elías, y otros dicen que eres Jeremías o alguno de los profetas."

Ahora Jesús les hizo una pregunta muy importante: "Y ustedes, ¿quién piensan que soy yo?"

Simón Pedro no titubeó y enseguida respondió: "Tú eres el Cristo, el Hijo del Dios viviente."

Jesús le dijo: "Eres bienaventurado, Simón, porque es mi Padre, que está en los Cielos, quien te lo ha revelado."

Jesús se alegró de saber que sus discípulos creían que él era el Hijo de Dios, el Cristo, el Salvador prometido desde hacía siglos. Ellos lo habían visto caminar sobre el lago, calmar la tormenta, dar de comer a miles con tan sólo unos panes y peces, sanar a todos los enfermos y hasta resucitar a los muertos. También habían escuchado todas sus enseñanzas maravillosas y ahora sabían con certeza de que Jesús era Hijo de Dios.

Pero Jesús les encargó a todos que no dijeran a nadie que él era Jesús el Cristo. A partir de ese momento Jesús comenzó a explicarles a los discípulos que él debía ir pronto a Jerusalén y que allí sería tratado muy mal por los ancianos, los principales sacerdotes y los escribas y que hasta lo matarían, pero que después de morir, al tercer día, volvería a vivir.

Los discípulos estaban muy sorprendidos que Jesús dijera estas cosas y no podían entenderlo ni creerlo. No podían imaginar que los judíos harían sufrir a su amado Maestro y matarían al mismo Hijo bendito de Dios Altísimo. Sabían que los fariseos lo odiaban pero que no se atreverían a matarlo.

Pedro no quería que esto sucediera y lo tomó aparte a Jesús y le dijo: "Oh no, Señor, ¡eso no puede pasar nunca!" Pero Jesús lo reprendió y le mostró que no era correcto lo que decía, por más que no le gustara y le dijo: "Pedro, tú quieres persuadirme que no haga la obra por la cual yo vine al mundo. Cuando dices eso, estás actuando como Satanás quien quiere que abandone el trabajo que debo hacer y así impedir que se realice el propósito por el cual vine al mundo.

¿Cuál era su trabajo? ¿Por qué vino Jesús del Cielo para nacer como un bebé?

Jesús vino a llevar el castigo de nuestros pecados para que nosotros no tuviéramos que morir por nuestros pecados. Jesús vino para morir en nuestro lugar y de esa manera pudiésemos nosotros ir al cielo.

Jesús sabía que en poco tiempo tendría que sufrir y morir. Se los quería explicar a los discípulos para que entendieran cuando sucediera. Quería que Pedro entendiera que él había venido al mundo justamente para morir.

Y entonces Jesús les enseñó algo muy importante: que para ser un seguidor de Jesús no sería fácil porque sería necesario renunciar a una manera egoísta de vivir - pensando sólo en el bien de uno mismo - y tendría que aceptar las situaciones difíciles y vivir de la manera que agrada a Dios.

Jesús dejó en claro que los que viven sólo para disfrutar de la vida de manera egoísta, no tendrán vida eterna pero los que viven para Dios y desean ayudar a otros vivirán para siempre con él. Por eso los que desean ser seguidores de Jesús y ser su amigo no siempre deberían pensar en sí mismos sino pensar en los demás y agradar a Jesús.

Una gloriosa transformación sobre la montaña
Mateo 17 - Monte Hermón

Una semana después Jesús salió para ir a un monte alto para orar con tres de los discípulos: Pedro, Santiago y Juan. Parece que Jesús tenía una relación más cercana con estos tres discípulos.

Pedro parece ser más impulsivo que los demás y muchas veces tenía reacciones inmediatas. Fue él quien tuvo fe para caminar sobre las aguas del Lago de Galilea y fue él quien contestó a Jesús diciendo: "Tú eres el Cristo, el Hijo del Dios viviente."

Juan parece que amó y entendió a Jesús más que los otros discípulos. La Biblia se refiere a él como *"el discípulo amado"*. Más tarde Juan escribiría uno de los evangelios en el cual relata muchas de las enseñanzas de Jesús.

Santiago era hermano de Juan. Los evangelios relatan muchas circunstancias en que Jesús hizo partícipe sólo a estos tres hombres: Pedro, Santiago y Juan. Por ejemplo cuando Jesús le dio vida a la hija de Jairo. En esta ocasión Jesús llevó a estos tres discípulos porque Jesús quería compartir con ellos algo muy singular.

Llegaron al monte alto y mientras Jesús oraba su apariencia comenzó a cambiar y hacerse resplandeciente. Su rostro empezó a brillar tan fuerte como el sol y su vestidura comenzó a hacerse tan blanca como la nieve y brillante como una luz muy fuerte. La apariencia de Jesús era gloriosa. Los discípulos lo pudieron ver como es en realidad en todo su esplendor, honra y majestad del Cielo. Qué privilegio ver así a su Maestro amado. Se sentían como si estuvieran en el Cielo mismo.

Pero de repente vieron que Jesús no estaba solo sino que había dos hombres más y sabían que eran Moisés y Elías que habían descendido del Cielo para conversar con Jesús. Hablaban de las cosas que pronto iban a suceder.

Mientras Pedro, Santiago y Juan contemplaban esta escena con gran asombro, descendió una nube resplandeciente que los cubrió. Y de la nube se escuchó la voz de Dios decir: "Este es mi Hijo muy amado, quien me da gran gozo. Escúchenlo a él".

Al oír esto los discípulos se postraron sobre sus rostros y adoraron a Dios aunque tenían algo de miedo. Luego Jesús se acercó a ellos y les tocó diciéndoles que no debían temer. Cuando alzaron la vista vieron que Jesús estaba solo nuevamente.

Después de esta experiencia extraordinaria los discípulos no podían dudar de que Jesús verdaderamente fuese el Hijo de Dios.

Al bajar la montaña Jesús les dijo a sus tres amigos que no debían contar a nadie lo que habían visto y oído hasta que haya resucitado de la muerte. Los discípulos entendían que habían presenciado algo sagrado y precioso. No lo olvidarían nunca. Jesús no era sólo un hombre. Lo habían conocido ahora como el Señor de Gloria – con su rostro y vestiduras tan brillantes que no podían mirarlo.

La fiesta de los tabernáculos
Juan 7 - Jerusalén

Dios es alegre y le place que gocemos de la vida. Por eso les dio a los judíos siete fiestas anuales; no sólo para festejar y estar alegre sino también para pensar y reflexionar en él.

Era octubre, otoño y tiempo de la fiesta de los tabernáculos que duraba una semana. Eran días de celebración y gratitud a Dios por su bondad en darles unas cosechas abundantes. Los judíos trataban de celebrar las fiestas en Jerusalén cuando fuere posible.

Jesús se encontraba en la provincia de Galilea, donde se crió. Sus hermanos le insistieron que fueran con ellos a la fiesta en Jerusalén. Pero Jesús no quería ir con sus hermanos porque sabía que en Jerusalén los judíos procuraban matarle.

No obstante, después de que sus hermanos se habían ido de viaje, Jesús también partió, pero no viajó con los demás, porque no quería que la gente supiera que él también iba a la fiesta y le siguieran.

En Jerusalén había mucha gente que esperaba ver allí a Jesús. Muchos habían sido sanados por él. Otros tenían curiosidad de conocer a ese maestro cuya fama se había extendido en los últimos dos años. Lo buscaban y preguntaban a otros si lo habían visto. Pero algunos habían escuchado a los fariseos y decían: "Él no es buen maestro porque no guarda la ley de Moisés. Él engaña la gente."

Después de tres días Jesús entró al templo y empezó a hablar de la Palabra de Dios. La gente se maravillaba de su buena enseñanza. ¿Acaso no era hijo de un carpintero? ¿Cómo es que éste sabe tantas cosas, si nunca ha estudiado?

Jesús les contestó: "Yo no invento lo que digo. Dios me envió y me ha dicho lo que debo enseñar. Quien habla por su propia cuenta sólo quiere que la gente lo admire. Pero yo sólo deseo que mi Padre, que me envió, reciba el honor que le corresponde; por eso siempre digo la verdad."

Otros dijeron: "¿No es a éste al que andan buscando para matarlo? Pues ahí está, hablando en público, y nadie le dice nada. ¿Será que las autoridades creen de veras que este hombre es el Mesías? Pero nosotros sabemos de dónde viene éste; en cambio, cuando venga el Mesías, nadie sabrá de dónde viene."

Entonces Jesús, que estaba enseñando en el templo, alzó la voz y dijo con voz fuerte: "En realidad, ustedes no saben quién soy yo, ni de dónde vengo. Yo no he venido por mi propia cuenta. He sido enviado por alguien en quien se puede confiar, y a quien ustedes no conocen. Yo sí lo conozco, pues vengo de él, y él es quien me envió."

Al escuchar esas palabras algunos quisieron arrestar a Jesús, pero no pudieron, pues todavía no había llegado el momento de que todos supieran quién era. Sin embargo, muchos creyeron en él, y decían: "El Mesías, cuando venga, ¿podrá hacer todos los milagros que hace este hombre?"

Los fariseos se enfurecían al escuchar lo que pensaba la gente de Jesús, y ellos y los principales sacerdotes enviaron guardias del templo para arrestarlo.

Entonces Jesús les dijo: "Voy a estar con ustedes solo un poco más de tiempo, luego volveré al que me envió." Pero no pudieron arrestarlo porque no había llegado su tiempo.

Recuerda que Jesús no es solamente hombre sino también Dios y nadie podría tocarle sin su consentimiento. Él sabía que debía ser arrestado, juzgado y matado pero debía ser en el momento preciso, y aún no lo era, aunque faltaba poco.

Jesús enseña en el templo
Juan 8 - Jerusalén

El último día de la fiesta de los tabernáculos era el más importante. Ese día, Jesús se puso en pie y dijo con voz fuerte: "El que tenga sed, venga a mí. Ríos de agua viva brotarán del corazón de los que creen en mí." Jesús quería mostrarles que si alguna persona desea ser bueno, Jesús le dará el Espíritu

Santo para que viva en su corazón y le enseñe a agradar a Dios.

Algunos de la multitud, al oír lo que Jesús decía, afirmaron: "Seguramente este hombre es el profeta que estábamos esperando". Otros decían: "Es el Mesías." Pero otros expresaban: "¡No puede ser! ¿Acaso el Mesías vendrá de Galilea? Pues las Escrituras dicen claramente que el Mesías nacerá del linaje real de David, en Belén, la aldea donde nació el rey David."

Así que hubo división entre la multitud a causa de él. Algunos querían que lo arrestaran, pero nadie le puso las manos encima. Hasta los guardias les encantaba escuchar lo que enseñaba Jesús y reconocieron que era un hombre bueno. Pensaban que los fariseos se habían equivocado al pedirles su arresto.

Cuando los guardias del templo regresaron sin haberlo apresado los principales sacerdotes y los fariseos les preguntaron: "¿Por qué no lo trajeron?"

"¡Jamás hemos oído a nadie hablar como él!" contestaron los guardias.

Al terminar el día Jesús se fue al hermoso Monte de los Olivos, un pequeño monte afuera de los muros de la ciudad, y pasó la noche allí.

Jesús, la luz del mundo
Juan 8 - Jerusalén

Muy temprano a la mañana siguiente, Jesús estaba de vuelta en el templo. Pronto se juntó una multitud, y él se sentó a enseñarles. Había gente que le oía con gusto y otros que intentaban buscar motivo para detenerle.

Así comenzó diciendo: "Yo soy la luz del mundo. Si ustedes me siguen, no tendrán que andar en la oscuridad porque tendrán la luz que lleva a la vida." Si uno quiere vivir feliz y saber cómo llevar una vida mejor, la respuesta está en seguir a Jesús.

Luego les dijo: "Si ustedes obedecen mis enseñanzas, serán verdaderamente mis discípulos; y conocerán la verdad, y la verdad los hará libres."

Pero la gente no entendía lo que decía. ¿Por qué hablaba de ser libres si no eran esclavos de nadie?

Jesús les quería decir que él que hace pecado es esclavo del pecado pero cuando acepta a Jesús es libertado de la culpa del pecado que es la muerte eterna.

Jesús siguió así: "Algunos de ustedes procuran matarme porque no tienen lugar para mi mensaje en su corazón.

Jesús les dijo palabras más fuertes aún: "Si Dios fuera su Padre, ustedes me amarían, porque he venido a ustedes de parte de Dios. No estoy aquí por mi propia cuenta, sino de él que me envió. ¿Por qué no pueden entender lo que les digo? ¡Es porque ni siquiera toleran oírme! Pues ustedes son hijos de su padre, el diablo, y les encanta hacer las cosas malvadas que él hace. Él ha sido asesino desde el principio y siempre ha odiado la verdad, porque en él no hay verdad. Cuando miente, actúa de acuerdo con su naturaleza porque es mentiroso y el padre de la mentira. Los que pertenecen a Dios escuchan con gusto las palabras de Dios, pero ustedes no las escuchan porque no pertenecen a Dios."

Eran palabras muy duras y los judíos le insultaron diciendo que era un samaritano y tenía un demonio que lo estaba volviendo loco.

Jesús respondió: "No tengo ningún demonio. Lo que hago es honrar a mi Padre, pero ustedes me insultan. Yo no busco honor para mí. Les digo la verdad: él que obedezca mi mensaje, no morirá jamás."

Jesús no se refería a la muerte del cuerpo sino del alma.

Ellos le dijeron: "¿Cómo dices que no morirá el que te obedece? ¿Acaso tú eres más importante que nuestro padre Abraham? Él murió siendo padre de la fe y los profetas también. ¿Tú quién te crees?"

Jesús contestó: "Si yo me doy honor a mí mismo, eso no vale nada. Mi Padre me honra, el que ustedes dicen que es su Dios. Ustedes no lo conocen, pero yo sí. Si yo dijera que no lo conozco sería un mentiroso como ustedes; pero lo conozco y obedezco lo que él dice. Les digo la verdad: antes de que Abraham naciera, Yo Soy."

"Yo Soy" es el nombre de Dios. Por supuesto que Jesús era Dios antes que viniera al mundo como hombre. Pero los judíos pensaban que solamente era un hombre fingiendo ser el Hijo de Dios. Estaban furiosos y tomaron piedras para tirarle, pero Jesús se escondió…y luego se escapó del templo.

Jesús sana a un ciego de nacimiento
Juan 9 - Jerusalén

Después de salir del templo, mientras Jesús caminaba, vio a un hombre que había sido ciego toda su vida y no pasó de largo sino que deseaba darle la vista a este hombre para que se acabe su tristeza.

Jesús no siempre sanaba a las personas de la misma manera. Con sólo tocar sus ojos podría haberlo sanado pero esta vez Jesús hizo algo diferente. Escupió en la tierra y formó un poco de lodo con su saliva. Luego untó los ojos del ciego con el lodo. Jesús le dijo que fuera al estanque de Siloé, en Jerusalén, y allí se debía lavar la cara.

Sin más, así hizo el ciego, y al lavarse recibió la vista. Su cara se iluminó de gozo y no parecía el mismo hombre. ¡Sus vecinos que lo conocían no estaban seguros que fuese el mismo hombre! Se preguntaban entre ellos si era el mismo que habían visto mendigar, hasta que él les dijo que era él mismo. Le preguntaron ¿cómo es que puedes ver? Entonces les contó cómo el hombre que se llamaba Jesús le había untado sus ojos con lodo y le dijo que se lavara en el estanque de Siloé y que al hacerlo pudo ver.

La gente lo llevó ante los fariseos, quienes le preguntaron cómo era que podía ver. El hombre que había sido ciego les contó lo sucedido. Ese día era día de reposo y los fariseos no podían creer que Jesús procediera de Dios porque había sanado en un día de reposo. Pero otros pensaban que un hombre pecador nunca podría hacer semejante milagro. Entonces le preguntaron al hombre que había sido ciego su opinión y él contestó: "Yo creo que es profeta."

Pero los judíos no creían que hubiera estado ciego, así que mandaron llamar a sus padres y les preguntaron si el hombre realmente había nacido ciego. Sus padres contestaron que era su hijo y que efectivamente había nacido ciego, pero no sabían cómo había recibido la vista. Ellos dijeron: "Nuestro hijo ya es adulto. Pregúntenle a él."

Pero los judíos ya le habían preguntado y no querían creer lo que les había dicho. Ellos estaban 'ciegos' y no podían ver o no querían ver la verdad.

Entonces lo volvieron a llamar al hombre que había sido ciego y le dijeron: "Dinos la verdad delante de Dios. Nosotros sabemos que ese hombre es pecador."

Él les contestó: "Si es pecador, no lo sé. Lo que sí sé es que yo era ciego y ahora veo."

Volvieron a preguntarle: "¿Qué hizo para darte la vista?"

Les contestó: "Ya se los he dicho, pero no me hacen caso. ¿Por qué quieren que se lo repita? Nunca se ha oído decir de nadie que diera la vista a una persona que nació ciega. Es evidente de que el hombre que me dio la vista viene de Dios porque si no viniera de Dios, no podría hacer nada."

Le dijeron entonces: "Tú, que naciste lleno de pecado, ¿quieres darnos lecciones a nosotros?" Y lo expulsaron de la sinagoga.

Jesús oyó decir que habían expulsado al ciego; y cuando se encontró con él, le preguntó: "¿Crees tú en el Hijo del hombre?" Él le dijo: "Señor, dime quién es, para que yo crea en él."

Jesús le contestó: "Ya lo has visto: soy yo, con quien estás hablando."

Entonces el hombre se puso de rodillas delante de Jesús, y le dijo: "Creo, Señor."

Jesús, el buen pastor
Juan 10 - Jerusalén

Allí en Jerusalén Jesús enseñó a la gente, esta vez, hablando de ovejas y de pastores - algo muy familiar a las personas de allí. Les dijo: "Cuando alguien entra al corral de las ovejas debe hacerlo por la puerta. El que salta y entra por otro lado es un ladrón y un bandido. Pero el pastor que cuida las ovejas entra por la puerta del corral. Yo soy la puerta del redil por la que pasa el rebaño. Yo soy la puerta. Si alguno pasa por mí, se salvará. Podrá entrar y salir y encontrará todo lo que necesita. El ladrón solamente viene para robar, matar y destruir. Yo vine para que ustedes tengan vida y la tengan en abundancia." Jesús comparaba sus seguidores con ovejas. Las ovejas están seguras porque el pastor los cuida siempre. El ladrón es el diablo que busca todas las maneras de robar y alejar a las ovejas del redil de Jesús y así destruirlas, para que no tengan vida eterna en el Cielo.

También les dijo: "Yo soy el buen pastor. El buen pastor da su vida por las ovejas. Conozco a mis ovejas y ellas me conocen a mí y me siguen. Yo doy mi vida por las ovejas."

Nuevamente los judíos no estaban de acuerdo entre ellos por lo que decía Jesús. No entendían lo que decía. No sabían que é

l iba a dar su vida para salvarlos. La mayoría decía: "Tiene un demonio y está loco. ¿Por qué lo escuchan?" Otros decían: "Un hombre que tiene un demonio no dice estas cosas. Un demonio no puede darle la vista a un ciego".

Después de esto Jesús salió de la ciudad y se dirigió a Betania.

Unos hermanos que amaban a Jesús
Lucas 10 - Betania

¿Te has preguntaba donde vivía Jesús y dónde comía?

Jesús no tenía un trabajo como otros hombres. Él servía a su Padre Dios. Había personas que reconocían su labor y le donaban dinero. Judas, uno de los discípulos, estaba encargado de guardar ese dinero. También sabemos que muchas mujeres le servían con sus bienes. Estas mujeres cuidaban de Jesús y proveían para todas sus necesidades.

Muchos querían ser seguidores de Jesús e ir con él a todas partes, pero él les contestó: "Las zorras tienen guaridas, y las aves del cielo nidos; más el Hijo del Hombre no tiene dónde recostar su cabeza." Durante los tres años, aproximadamente, que duró su ministerio, Jesús no tuvo un lugar fijo para vivir porque viajaba constantemente de una ciudad a otra. En cada ciudad encontraba algún lugar para dormir él y sus discípulos.

En la ciudad de Betania, muy cerca de Jerusalén, se había hecho muy amigo de tres hermanos: María, Marta y Lázaro. Jesús los quería mucho y le gustaba quedarse con ellos.

Un día, cuando Jesús los visitaba, Marta estaba muy ocupada haciendo una rica comida para el Maestro. Pero su hermana María no le ayudaba en nada, sino que estaba a los pies de Jesús, maravillada con todo lo que decía.

Marta no estaba contenta. No le parecía bien que su hermana no le ayudase, teniendo así, que hacer todo ella sola.

Al final, no aguantó más y quejándose le dijo a Jesús: "Señor, es muy injusto. ¿No ves que mi hermana me ha dejado sola para hacer todos los preparativos para la comida? Dile, por favor, que venga a ayudarme."

Pero Jesús, que veía las cosas de otra perspectiva, le dijo: "Querida Marta, estás trabajando mucho, pero esa rica comida no es lo más importante." No era algo importante porque se puede comer más tarde o más temprano o ¡no comer nada!

Lo importante de ese momento era aprovechar lo que decía Jesús porque lo que enseñaba tenía un alcance espiritual y eterno. Y no siempre tenían el privilegio de tener a Jesús en su propia casa y escuchar tantas cosas bellas que contaba de Dios. María no quería perderse ni una palabra y lo podría escuchar todo el día. Al final, lo que aprendía de Jesús era más importante que comer y satisfacer el hambre. Las palabras de Jesús satisfacían el hambre espiritual.

Jesús quería que Marta entendiera que es más importante alimentar el espíritu que alimentar el cuerpo.

Jesús enseña sobre la oración
Lucas 11 - Judea

Jesús pasaba mucho tiempo en oración. No había nada que le gustase más que poder hablar con su amado Padre y buscaba cualquier oportunidad para apartarse a solas y pasar tiempo conversando con él. Es muy probable que sus discípulos se extrañaran que Jesús pudiera pasar tanto tiempo conversando con Dios. Un día cuando Jesús volvía después de haber estado orando, uno de sus discípulos le pidió que les enseñara a orar.

Primero les dijo que era importante hablar con el Padre a solas, con un corazón sencillo porque si somos orgullosos de algo, Dios no nos escucha. Y no es necesario hacer una oración larga. Dios ya sabe lo que necesitamos pero le encanta conversar con nosotros. Y si abrimos nuestro corazón a Dios y somos sinceros, él nos dará lo que le pedimos. Jesús entonces, les dijo: "Pueden orar así:

"Padre nuestro que estás en el cielo: Que todos reconozcan que tú eres el verdadero Dios.

Ven y sé nuestro único rey. Que todos los que viven en la tierra te obedezcan, como te obedecen los que están en el cielo.

Danos la comida que necesitamos hoy. Perdona el mal que hacemos, así como nosotros perdonamos a los que nos hacen mal.

Y cuando vengan las pruebas, no permitas que ellas nos aparten de ti, y líbranos del poder del diablo."

También Jesús les contó una historia para mostrarles la importancia de insistir en la oración porque orar es muy importante y al Padre le agrada que vengamos a él con nuestras inquietudes y peticiones. Les dijo: "Supongan que uno de ustedes tiene un amigo y va a su casa a la media noche a decirle: "Préstame tres panes. Es que ha llegado una visita y no tengo nada para darle de comer." Tu amigo responde desde adentro de la casa: "¡No me molestes! Estamos todos acostados y no me puedo levantar a darte nada". Pero si tú sigues llamando a la puerta, tu amigo se levantará y te dará pan, no porque sea tu amigo sino porque has insistido y tu amigo sabe que seguirás insistiendo hasta que te lo dé.

Entonces yo les digo: No se cansen de pedir, y Dios les dará; no dejen de buscar, y encontrarán; llamen a la puerta una y otra vez, y se les abrirá. Porque el que confía en Dios recibe lo que pide, encuentra lo que busca y, si llama, es atendido y recibe respuesta."

También Jesús les enseñó otra cosa importante y les hizo esta pregunta: "Si un hijo suyo les pide un pescado, ¿le dan una serpiente en lugar de un pescado? O si les pide un huevo, ¿le dan un escorpión? ¡Por supuesto que no! Pues si ustedes, aun siendo malos, saben cómo darles cosas buenas a sus hijos, imagínense cuánto más dispuesto estará su Padre celestial a darles el Espíritu Santo a aquellos que se lo piden."

Un samaritano compasivo
Lucas 10 - Judea

Un día un abogado se acercó a Jesús y le preguntó: "Maestro, ¿qué debo hacer para tener vida eterna?" Jesús le dijo: "¿Qué dicen las Escrituras sobre lo que debes hacer?" El abogado dijo: "Las Escrituras dicen: Amarás al Señor tu Dios con todo tu corazón, y con toda tu alma y con todas tus fuerzas, y con toda tu mente, y a tu prójimo como a ti mismo."

Jesús había logrado que el abogado contestara su propia pregunta y le dijo: "Así es. Tu respuesta es correcta. Vive de esa manera y tendrás vida eterna." Pero el abogado se quería justificar e hizo otra pregunta: "¿Y quién es mi prójimo?"

Entonces Jesús contó esta historia para demostrar lo que significa amar al prójimo: "Había una vez un hombre que viajó desde Jerusalén a Jericó, (una distancia de unos 30 kilómetros.) El camino era escabroso entre las montañas, con piedras grandes que dificultaban el paso, y barrancos que se proyectaban sobre la senda. Era un lugar muy frecuentado por los ladrones que asaltaban a los viajeros para quitarles todo lo que llevaban.

Mientras iba caminando, una banda de ladrones salió de las rocas y atacaron al hombre. Le sacaron su dinero y su ropa y lo golpearon tanto que quedó al borde de la muerte. Lo dejaron tirado junto al camino.

Al poco tiempo pasó un sacerdote por allí. Vio al hombre tirado y herido, pero no hizo nada para ayudarle y continuó caminando. Pronto pasó también un levita; se acercó al verle, pero no hizo nada para saber si aún estaba vivo. Se dio la vuelta y siguió su camino.

Luego vino un samaritano sobre un asno. Los judíos los despreciaban y los samaritanos tenían que soportar el odio de ellos. Viendo el samaritano que el hombre tirado era un judío, bien podría haberle pagado con la misma moneda y seguir tranquilo en su camino. Pero el samaritano tuvo compasión del pobre hombre herido. Se acercó y comprobó que aún vivía. Le lavó sus heridas con vino y las untó con aceite. Luego lo subió a su asno y él fue caminando a su lado hasta llegar a un mesón.

Allí, el samaritano puso al hombre herido en una cama y lo cuidó. Al día siguiente debía seguir su viaje, así que le dio dinero al mesonero para que lo siga cuidando y le dijo que si gastaba más se lo devolvería cuando pasara nuevamente por allí."

Cuando terminó de contar esa historia Jesús le preguntó al abogado: "¿Quién de estos tres hombres fue un buen prójimo para el que cayó en manos de los ladrones?" Por supuesto que el abogado contestó "El hombre que tuvo misericordia de él."

Jesús le dijo: "Sí, así es. Ya sabes. Ve, entonces y haz tú lo mismo."

Oposición en Jerusalén
Juan 10 - Jerusalén

Jesús subió a Jerusalén nuevamente para participar en la fiesta de la Dedicación. Era invierno. Mientras andaba por los patios del templo, cerca del

Portón de Salomón, la gente lo rodeó y le preguntó: "¿Hasta cuándo nos tendrás con esta duda? Dinos ahora mismo si eres el Mesías."

Jesús les respondió: "Ya les dije quién soy, pero ustedes no me han creído. Yo hago todo con la autoridad y el poder de mi Padre, y eso demuestra quién soy yo. Pero ustedes no me creen, porque no me siguen ni me obedecen. Mis seguidores me conocen, y yo también los conozco a ellos. Son como las ovejas, que reconocen la voz de su pastor, y él las conoce a ellas. Mis seguidores me obedecen, y yo les doy vida eterna. Dios mi Padre me los ha dado. Él es más poderoso que todos. Mi Padre y yo somos uno solo."

Otra vez, los jefes judíos quisieron apedrear a Jesús para matarlo, pero él les dijo: "Ustedes me han visto hacer muchas cosas buenas con el poder que mi Padre me ha dado; ahora díganme, ¿por cuál de ellas merezco morir?"

Ellos le respondieron: "No queremos matarte por lo bueno que hayas hecho, sino por haber ofendido a Dios. Tú no eres más que un hombre, y dices que eres igual a Dios."

Jesús les dijo: "Y si Dios me consagró a mí y me envió al mundo, ¿por qué dicen ustedes que ofendo a Dios al decir que soy su Hijo? Aunque no me crean a mí, crean en las obras que hago, aunque no crean en lo que digo. Así, de una vez por todas, sabrán que mi Padre y yo somos uno solo."

Jesús contestó claramente a los líderes judíos pero no era la respuesta que ellos deseaban escuchar. No querían creer que Jesús venía de Dios y menos que era Hijo de Dios.

Por lo tanto intentaron de nuevo encarcelar a Jesús. Pero él se les escapó, y se fue de nuevo al otro lado del río Jordán, a una región llamada Perea, donde Juan el Bautista había bautizado.

La parábola de la oveja perdida
Lucas 15 - Perea

Mientras estaba allí en Perea, muchas personas fueron a verlo, y decían: "Juan el Bautista no hizo ningún milagro, pero todo lo que dijo de Jesús era verdad." Y mucha gente de aquel lugar creyó en Jesús.

Por donde iba Jesús le seguían las multitudes incluyendo muchos cobradores de impuestos para el gobierno de Roma, y también otras personas a quienes los fariseos consideraban gente de mala fama. Todos querían escuchar a Jesús, quien les hablaba amablemente pero también les señalaba la verdad de los errores en su vida, y se arrepentían. Algunos le invitaban a cenar para poder seguir hablando con él.

Entre la multitud también había algunos fariseos y maestros de la ley. Estas personas eran soberbias porque se creían mejores que los demás y nunca comerían con gente de mala reputación. Comenzaron a criticar a Jesús, y decían: "Este hombre es amigo de los pecadores, y ¡hasta come con ellos!"

Jesús sabía lo que estaban pensando y les contó una parábola para enseñarles por qué él hacía eso.

"Si alguno de ustedes tiene cien ovejas, y se da cuenta de que ha perdido una, ¿acaso no deja las otras noventa y nueve en el campo y se va a buscar la oveja perdida? Y cuando la encuentra, la pone en sus hombros y vuelve muy contento con ella. Después llama a sus amigos y vecinos, y les dice: "¡Vengan a mi casa y festejemos! ¡Ya encontré la oveja que había perdido!" De la misma manera, hay más alegría allá en el Cielo por una de estas personas que se vuelve a Dios, que por noventa y nueve personas buenas que no necesitan volverse a él. Vuestro Padre celestial no desea perder ni uno de sus hijos."

Jesús quería enseñarles a los fariseos orgullosos, que Dios no les amaba más a ellos que a los cobradores de impuestos que ellos despreciaban, sino que ama a cada uno por igual.

Jesús vino al mundo para hallar a las ovejas perdidas y traerlas de regreso a casa, a Dios. Y los ángeles se regocijan en el Cielo cuando un pecador se arrepiente por sus pecados y se vuelve a Dios.

El hijo que se fue de casa
Lucas 15 - Perea

Jesús les contó otra historia para mostrar a los fariseos y escribas que los pecadores pueden llegar a ser hijos de Dios aunque hayan pecado mucho.

"Un hombre tenía dos hijos. Un día, el hijo más joven le dijo a su padre: "Papá, dame la parte de tu propiedad que me toca como herencia." Entonces el padre repartió la herencia entre sus dos hijos.

A los pocos días, el hijo menor vendió lo que su padre le había dado y con el dinero se fue lejos, a otro país. Allá se dedicó a darse todos los gustos, haciendo lo malo y gastando todo el dinero.

Ya se había quedado sin nada, cuando comenzó a faltar la comida en aquel país, y el joven empezó a pasar hambre. Entonces buscó trabajo, y el hombre que lo empleó lo mandó a cuidar cerdos en su finca. Al joven le daban ganas de comer aunque fuera la comida con que alimentaban a los cerdos, pero nadie se la daba.

Por fin comprendió lo tonto que había sido, y pensó: "En la finca de mi padre los trabajadores tienen toda la comida que desean, y yo aquí me estoy muriendo de hambre. Volveré a mi casa, y apenas llegue, le diré a mi padre que me he portado muy mal con Dios y con él. Le diré que no merezco ser su hijo, pero que me dé empleo, y que me trate como a cualquiera de sus trabajadores." Entonces regresó a la casa de su padre.

Cuando todavía estaba lejos, su padre lo vio y corrió hacia él, rebosando de amor, y lo recibió con abrazos y besos. El joven empezó a decirle: "¡Papá, me he portado muy mal contra Dios y contra ti! ¡Ya no merezco ser tu hijo!"

Pero antes de que el muchacho terminara de hablar, el padre llamó a los sirvientes y les dijo: "¡Pronto! Traigan la mejor ropa y vístanlo. Pónganle un anillo, y también sandalias. ¡Maten el ternero más gordo y hagamos una gran fiesta, porque mi hijo ha regresado! Es como si hubiera muerto, y ha vuelto a vivir. Se había perdido y lo hemos encontrado."

Jesús quiso mostrar a los fariseos y escribas que los peores pecadores aún pueden llegar a ser hijos de Dios. Dios está pronto para recibir a cualquiera que se vuelve a él y se goza mucho por ello. La verdad es que Dios no tiene favoritos sino que ama a cada persona por igual. Sí, esto es algo que sorprende pero a la vez muestra el inmenso amor de Dios, que puede amar a las personas que hacen mucho mal igual que a aquellos que le aman y obedecen siempre.

Lázaro

Juan 11 – Betania

Mientras Jesús estaba en la región de Perea algo muy triste sucedió en la casa de sus amigos de Betania. Se enfermó gravemente Lázaro, el hermano de María y Marta. Las hermanas temían que Lázaro muriera a menos que Jesús pudiera sanarlo así que enviaron rápidamente este mensaje: "Señor, tu querido amigo Lázaro está enfermo."

Cuando Jesús recibió el mensaje, dijo: "Esta enfermedad no terminará en muerte. Servirá para mostrar el poder de Dios, y el poder que tengo yo, el Hijo de Dios."

Jesús amaba mucho a esta familia, no obstante, después de saber de la enfermedad de Lázaro, no fue inmediatamente sino que se quedó en aquel lugar otros dos días. Al tercer día le dijo a sus discípulos: "Regresemos ahora a Judea."

Los discípulos quedaron asombrados y dijeron: "Maestro, si hace poco los judíos de esa región trataron de matarte a pedradas, ¿y otra vez quieres ir allá?" Jesús dijo: "Nuestro amigo Lázaro duerme, pero voy a despertarlo." "Qué bien," respondieron sus discípulos, "si duerme, es que va a recuperarse."

Lo que Jesús quería darles a entender era que Lázaro había muerto, pero los discípulos entendieron que estaba descansando. Por eso Jesús les habló más claramente: "Lázaro ha muerto. Vayamos a donde está él."

Tardaron unos dos días en llegar a Betania y al llegar descubrieron que Lázaro había muerto y que hacía cuatro días lo habían sepultado. María y Marta estaban de duelo en casa, rodeadas por amigos que habían venido a consolarlas.

Cuando Marta supo que Jesús estaba llegando, salió a recibirlo. Cuando lo vio le dijo: "Señor, si tú hubieras estado aquí, mi hermano no habría muerto. Pero a pesar de todo lo que ha pasado, Dios hará lo que tú le pidas. De eso estoy segura."

Jesús le contestó: "Tu hermano volverá a vivir. Yo soy el que da la vida y el que hace que los muertos vuelvan a vivir. Quien pone su confianza en mí, aunque muera, vivirá. ¿Puedes creer esto?"

Ella le dijo: "Sí, Señor, yo creo que tú eres el Mesías, el Hijo de Dios, el que debía venir al mundo."

Marta sabía que Jesús podía consolar a su hermana así que corrió a la casa. Le susurró a María para que los demás no escucharan: "El Maestro ha llegado, y te llama."

María se levantó rápidamente para encontrarse con Jesús, que todavía estaba en el mismo lugar donde había estado con Marta, en las afueras del pueblo. Los demás, pensando que María iba a la tumba a llorar allí, la siguieron.

Cuando María llegó donde estaba Jesús, se arrodilló delante de él y le dijo: "Señor, si hubieras estado aquí, mi hermano no habría muerto."

Jesús, al ver llorar a María y a los judíos que habían llegado con ella, se conmovió profundamente, se estremeció, y les preguntó: "¿Dónde sepultaron a Lázaro?" Ellos le dijeron: "Ven a verlo, Señor."

Al llegar a la cueva donde habían puesto el cuerpo de Lázaro Jesús se puso a llorar. Los judíos que estaban allí dijeron: "Se ve que Jesús amaba mucho a su amigo Lázaro." Pero otros decían: "Si Jesús hizo que el ciego pudiera ver, también pudo haber hecho algo para que Lázaro no muriera."

Todavía con lágrimas en los ojos, Jesús se acercó, y ordenó que quitaran la piedra grande que cubría la entrada. Pero Marta le dijo que ya hacía cuatro días que había muerto Lázaro y que seguramente debía oler mal por la descomposición del cuerpo. Jesús le contestó: "¿No te dije que, si confías en mí, verás el poder de Dios?"

La gente quitó la piedra de la entrada. Luego, Jesús miró al cielo y dijo: "Padre, te doy gracias porque me has escuchado. Yo sé que siempre me escuchas, pero lo digo por el bien de todos los que están aquí, para que crean que tú me enviaste."

Después de que dijo esto, Jesús gritó: "¡Lázaro, sal de ahí!" Y Lázaro salió de la cueva, totalmente envuelto en las vendas de lino con que lo habían sepultado.

Jesús les dijo a los que estaban allí: "Quítenle todas las vendas, así puede caminar."

¿Puedes imaginar el gran asombro y la inmensa alegría de la gente? Enseguida le sacaron las vendas a Lázaro, tocándolo para verificar que estaba bien, sorprendidos por lo que había ocurrido y casi sin creerlo.

Marta, María y Lázaro habían sido buenos amigos con Jesús durante mucho tiempo. Ahora su corazón estaba lleno de amor y adoración. Los discípulos también estaban maravillados. ¿Y qué pensaban los amigos de Lázaro? Ellos también creyeron que Jesús era el Hijo de Dios.

El descontento de los líderes religiosos

Juan 11 - Jerusalén

Pero algunos fueron a ver a los fariseos, y les contaron lo que Jesús había hecho. Los sacerdotes principales y los fariseos reunieron a la Junta Suprema, y dijeron: "¿Qué vamos a hacer con este hombre que hace tantos milagros? Si no hacemos nada, todos van a creer que él es el Mesías y le seguirán. Entonces vendrán los romanos, y destruirán nuestro templo y a todo el país." Otros también le criticaban diciendo que no obedecía la ley de Moisés y enseñaba otras cosas alejando la gente de Dios. ¡Y aún se atrevía a llamarse él mismo Dios!

Pero Caifás, que ese año era el jefe de los sacerdotes, les dijo: "Ustedes sí que son tontos. ¿No se dan cuenta? La mejor manera de impedir que haga estas cosas es matándole. Es mejor que muera un solo hombre por el pueblo, y no que sea destruida toda la nación."

En realidad, Jesús no iba a morir para salvar sólo a los judíos, sino también para reunir a todos los hijos de Dios que hay en el mundo.

A partir de ese momento, la Junta Suprema tomó la decisión de matar a Jesús. No se animaban a arrestarlo públicamente por temor a las personas que le amaban. Sin embargo, Jesús no dejó que ninguno de los judíos de la región de Judea supiera dónde estaba él. Entonces salió de esa región y se fue a un pueblo llamado Efraín, que estaba cerca del desierto. Allí se quedó unos meses con sus discípulos.

Jesús sana a diez leprosos
Lucas 17 — Cerca de Samaria

El invierno ya había pasado y era primavera. Jesús se encontraba en la frontera de la región de Samaria. Faltaba poco tiempo para la fiesta de la Pascua y Jesús sabía que debía ir allí. Sería la última vez. Durante casi tres años Jesús había estado enseñando en todas partes del país y sanando a los enfermos. Sabía que su tiempo en la tierra llegaba a su fin y que pronto los judíos lo matarían en Jerusalén.

Así que Jesús emprendió el viaje hacia esa gran ciudad y tomó un camino que pasaba entre la región de Galilea y la región de Samaria. Cuando entró en una aldea, salieron a su encuentro diez hombres que estaban enfermos de lepra. Sin embargo, se quedaron un poco lejos de Jesús y le gritaron: "¡Jesús, Maestro, ten compasión de nosotros y sánanos!"

Jesús los vio y les dijo: "Vayan al templo, para que los sacerdotes los examinen y vean si ustedes están totalmente sanos."

Y mientras los diez hombres iban al templo, quedaron sanos. Uno de ellos, al verse sano, regresó gritando: "¡Gracias, Dios mío! ¡Muchas gracias!" Cuando llegó ante Jesús, se arrodilló hasta tocar el suelo con su frente, y le dio las gracias. Este hombre era de la región de Samaria.

Al ver eso, Jesús preguntó a sus discípulos: "¿No eran diez los que quedaron sanos? ¿Por qué sólo este extranjero volvió para dar gracias a Dios?" (Recuerda que los judíos despreciaban a los samaritanos y no les hablaban ni tenían ningún trato con ellos. Por eso Jesús lo llamó extranjero. Pero fue este hombre despreciado quien fue el más agradecido.)

Luego Jesús le dijo al hombre: "¡Levántate y vete! Has quedado sano porque confiaste en mí."

La parábola de la viuda y el juez injusto
Lucas 18 - Cerca de Samaria

Jesús se quedó en esa aldea y como siempre, aprovechó para enseñar a la gente. Les contó una historia para enseñarles que siempre deben orar y nunca perder la esperanza.

Les dijo: "En un pueblo había un juez que no tenía temor de Dios y tampoco le importaba lo que pensaran los demás. En ese pueblo había también una viuda. Ella le insistía al juez y le decía: "Hay un hombre que me está haciendo daño. ¡Pido justicia!" Por un tiempo, el juez no quiso ayudarla, pero después se dijo a sí mismo: "Aunque no temo a Dios y tampoco me importa lo que piensen los demás, ayudaré a esta viuda. Si no lo hago, me seguirá molestando y me hará la vida insoportable".

Jesús agregó: "De esa misma manera Dios defenderá a las personas que le piden ayuda siempre. No tardará en responderles."

La parábola del fariseo y el publicano
Lucas 18 - Cerca de Samaria

Había unos que creían que eran mejores que otros porque siempre se esforzaban en cumplir la ley. Estaban tan seguros de sí mismos que menospreciaban a los demás.

Jesús contó esta historia para ellos: "Dos hombres fueron al templo a orar. Uno era un fariseo y el otro era un publicano, llamado también cobrador de impuestos. El fariseo, puesto de pie, se puso a orar consigo mismo así: "Dios, te doy gracias porque no soy como los demás. Ellos son ladrones y malvados, y engañan a sus esposas con otras. Ni tampoco soy como este cobrador de impuestos. Ayuno dos veces a la semana y doy la décima parte de lo que gano."

En cambio, el cobrador de impuestos estaba de pie a cierta distancia. Cuando oró ni siquiera levantó la vista al cielo, sino que se golpeaba el pecho para mostrar que estaba arrepentido, y decía: "¡Dios, ten compasión de mí porque soy un pecador!"

Cuando terminó de contar esto, Jesús les dijo a aquellos hombres: "Les aseguro que, cuando el cobrador de impuestos regresó a su casa, Dios ya lo había perdonado; pero al fariseo no. Porque los que se creen mejores que los demás, y se jactan, están más alejados de Dios y no tienen su aprobación. En cambio, los más cercanos a Dios son los humildes."

Jesús recibe a los niños
Lucas 18 — Cerca de Samaria

A Jesús siempre le encantaba estar rodeado de niños. Un día mientras estaba enseñando, algunas madres llevaron a sus niños para que Jesús pusiera su mano sobre sus cabezas y los bendijera. Para las madres era importante que sus hijos preciosos fuesen bendecidos. Sería algo para recordar toda la vida.

Pero los discípulos comenzaron a reprenderlas para que no los trajeran, pensando que Jesús estaba demasiado ocupado para atender a niños y que no era importante atenderlos.

Pero esto no era verdad y cuando Jesús vio que se alejaban las madres, las llamó con cariñosa voz y les dijo a sus discípulos: "Dejen que los niños se acerquen a mí. No se lo impidan, porque el Reino de Dios es de los que son como ellos. Les aseguro que la persona que no confía en Dios como lo hace un niño, no podrá entrar en el Reino de Dios." Es muy fácil para los niños creer en Dios y en su bondad. En cambio los adultos se complican la vida pensando cómo resolver sus problemas. Si tan sólo pudieran tener la fe de un niño comprobarían que Dios mismo resuelve sus problemas y que así la vida no es tan complicada.

Entonces Jesús, sonriendo, tomó los niños en sus brazos y puso sus manos sobre su cabeza y los bendijo. Para él, los niños eran tan importantes como los adultos.

Ese día las madres volvieron a casa felices. Siempre recordaron aquel día especial con Jesús.

Un joven rico
Lucas 18 — Cerca de Samaria

Un líder de los judíos fue a ver a Jesús y le preguntó: "Tú, que eres un maestro bueno, dime, ¿qué cosa debo hacer para tener vida eterna?"

Jesús le contestó: "Tú conoces bien los mandamientos: No seas infiel en el matrimonio, no mates, no robes, no mientas para hacerle daño a otra persona, obedece y cuida a tu padre y a tu madre."

El líder le dijo: "¡He obedecido todos esos mandamientos desde que era un niño!"

Jesús le respondió: "Sólo te falta hacer una cosa: Vende todo lo que tienes, y dales ese dinero a los pobres. Así, Dios te dará un gran premio en el cielo. Luego ven y conviértete en uno de mis seguidores."

Cuando el líder oyó esto, se puso muy triste, porque era muy rico y lo que poseía era muy importante para él y no quería dejar ese estilo de vida.

Jesús lo miró y dijo: "¡Qué difícil es que una persona rica entre en el Reino de Dios!"

Jesús se entristeció al ver que el hombre ponía su confianza en cosas materiales. Prefería vivir bien aquí en la tierra y realmente su corazón no buscaba a Dios. Sólo quería cumplir algunas leyes para quedarse con la conciencia tranquila de que era una persona buena pero en realidad no amaba a Dios. Y no se daba cuenta que después de morir, todos sus bienes y posesiones no le servirían de nada.

Jesús agregó: "Les aseguro que si alguno ha dejado su casa, su esposa, sus hermanos, sus padres, o sus hijos, por ser obediente al Reino de Dios, sin duda recibirá aquí mucho más de lo que dejó. Además, cuando muera, vivirá con Dios para siempre."

Jesús anuncia su muerte
Lucas 18 — Cerca de Samaria

Un día Jesús se reunió a solas con los doce discípulos y les dijo: "Ahora iniciamos la última parte de nuestro viaje hacia Jerusalén. Allí pasará todo lo que anunciaron los profetas acerca de mí, el Hijo del hombre. Ahora cuando vayamos a Jerusalén se cumplirá lo que profetizaron hace muchísimos años los profetas. En aquella ciudad los sacerdotes y escribas me entregarán a las autoridades de Roma. Los romanos se burlarán de mí, me insultarán y me escupirán en la cara. Luego me golpearán y me matarán, pero después de tres días, resucitaré."

Los discípulos no entendieron lo que Jesús estaba diciendo. Eran palabras muy duras que escuchaban y no querían creer que su amado Maestro podía sufrir y morir. El verdadero significado estaba oculto para ellos y no entendían de qué estaba hablando.

Bartimeo, un hombre ciego
Marcos 10 — Cerca de Jericó

En el camino a Jerusalén Jesús y los discípulos se encontraron con otros que también iban rumbo a la fiesta de la Pascua en Jerusalén. Debían pasar por la ciudad de Jericó. Al acercarse a la ciudad, junto al camino estaba sentado un ciego que pedía limosna. Se llamaba Bartimeo. Escuchó el bullicio de mucha gente pasando y se preguntaba lo que estaría sucediendo. Así que preguntó a una persona de la multitud quien le dijo que Jesús venía por allí.

Cuando Bartimeo oyó esto se llenó de esperanza y alegría. ¿Sería posible que Jesús se acercara y lo sanara? ¡Pero tal vez Jesús no lo viera entre tanta gente! ¿Ya estaría cerca Jesús? Esta era su única oportunidad de ser sanado. Debía llamarle la atención a Jesús y entonces empezó a gritar: "Jesús, tú que eres el Mesías, ¡ten compasión de mí y ayúdame!"

La gente comenzó a estar molesta por tanto ruido y reprendieron al ciego para que se callara, pero él gritaba con más fuerza todavía: "Señor, tú que eres el Mesías, ¡ten compasión de mí y ayúdame!"

Jesús lo escuchó y se detuvo y dijo a la gente: "Llámenlo." La gente llamó al ciego diciendo: "Ponte contento. Jesús te ha escuchado y te llama." El ciego, de un salto, se puso de pie y alguien le ayudó a acercarse a Jesús. Jesús le dijo: "¿Qué quieres que haga por ti?"

El ciego respondió: "Maestro, me gustaría ver." Jesús le dijo: "Puedes irte; estás sano porque confiaste en Dios."

En ese momento, Bartimeo pudo ver, y estaba tan, tan feliz. Se unió a la gente que iba con Jesús a Jerusalén y no dejaba de maravillarse y agradecer a Dios por el milagro de poder ver todo mientras caminaba.

Zaqueo
Lucas 19 - Jericó

En seguida Jesús llegó a la ciudad y comenzó a atravesarla. Allí había un hombre rico que era el jefe de los cobradores de impuestos. Por lo tanto la mayoría de la gente no lo quería. Su nombre era Zaqueo.

Había escuchado hablar de Jesús y también que venía a su ciudad. Zaqueo estaba tratando de ver a esta persona tan especial, pero no pudo porque había mucha gente y él era bajito. Se le ocurrió una idea para poder verlo. Se adelantó a la multitud y fue a un lugar por donde Jesús tenía que pasar y se subió a un árbol sicómoro.

Jesús sabía todo lo que estaba ocurriendo y cuando llegó a ese lugar, miró hacia arriba, vio a Zaqueo en el árbol y le dijo: "Zaqueo, baja pronto de allí, porque hoy quiero hospedarme en tu casa."

¡Qué alegría para Zaqueo! El Maestro le habló y ¡hasta deseaba ir a su casa! Nadie quería comer con él, sólo los otros hombres que también eran cobradores de impuestos. Zaqueo estaba sorprendido pero muy contento.

Entonces Zaqueo bajó del árbol rápidamente y se puso muy feliz de recibir a Jesús en su casa.

Pero todos los demás no estaban contentos y se quejaban: "¡Miren la clase de hombre con quien se hospeda Jesús! ¡Zaqueo es un pecador!"

No podían entender cómo un hombre tan bueno como Jesús quisiera ir a la casa de una persona odiada por todos por ser ladrón y estafador. Pero Jesús quería que todos supieran que Dios acepta y ama a todas las personas, aún aquellas que hacen cosas malas.

Durante la cena que Zaqueo hizo preparar para Jesús, se levantó y le dijo al Señor: "Mira, Señor, voy a dar a los pobres la mitad de todo lo que tengo, y si he engañado a alguien, le pagaré cuatro veces más."

Jesús se dio cuenta que Zaqueo se había arrepentido de todo lo malo que había hecho y, contento, le dijo: "La salvación ha llegado a esta familia, porque este hombre ha mostrado que verdaderamente ama y honra a Dios. Porque el Hijo del hombre vino a buscar a los perdidos y a salvarlos."

Jesús no estaba tan preocupado por aquellos que ya amaban a Dios de corazón y le obedecían correctamente. Jesús más bien quería que los que estaban alejados de Dios supieran que siempre hay una oportunidad para arrepentirse y cambiar su manera de vivir; que Dios siempre los aceptará por más que hayan hecho cosas muy malas. Dios no desea que nadie se quede sin entrar en su maravilloso Reino de luz y gloria.

María unge a Jesús con perfume
Juan 12 – Betania

Los viajeros llegaron a Betania, un pueblo muy cerca de Jerusalén, seis días antes de la fiesta. Recordarás que aquí vivían los buenos amigos de Jesús, María, Marta y Lázaro, y nadie estaba más feliz que ellos de verlo nuevamente. Hacía muy poco que él había estado allí para levantar a Lázaro de la muerte, pero siempre era un tiempo especial tenerlo como visita en su casa. ¿Se imaginan lo feliz que estaba Lázaro en ese momento?

Todos se sentían muy gozosos de poder estar nuevamente juntos y las hermanas prepararon una cena para celebrar este reencuentro; querían honrar a quien tanto amaban.

En aquellos días la gente no se sentaba en sillas alrededor de una mesa para comer. La mesa era bajita y en forma de herradura y la gente se reclinaban sobre un cojín con la cabeza hacia la mesa y los pies alejados de ella.

Jesús sabía que nunca más volvería a estar en Betania; le enfrentaba algo muy difícil y desagradable así que quería aprovechar estos últimos días entre amigos festejando con alegría.

Marta servía la mesa y le daba tanto placer ver que Jesús disfrutaba de la deliciosa comida y de estar en su casa con ellos.

María también había preparado una sorpresa especial para su amado Señor. Mientras comían, ella vino trayendo un frasco blanco de alabastro que contenía un exquisito perfume, muy costoso, extraído de la flor de nardo. Al fabricarlo, ponían el perfume en un frasco, se lo sellaba para que no perdiera su aroma y cuando lo querían usar se debía romper el frasco. El perfume valía mucho dinero por lo tanto sólo los ricos lo podían usar y se guardaba para alguna ocasión importante.

María no era rica pero amaba tanto a Jesús y estaba tan agradecida por haber resucitado de la muerte a su hermano; quería darle lo mejor que ella tenía.

Mientras comía Jesús, María se acercó por detrás, rompió el frasco y dejó que el perfume cayera por su cabeza. También ungió sus pies con el perfume y luego se los secó con los cabellos. Toda la casa se llenó con la hermosa fragancia del perfume. Era un momento especial que no se olvidaría nunca.

Pero no todos estaban contentos. Judas Iscariote, uno de los discípulos, el que lo iba a traicionar, dijo: "¡Qué desperdicio! Ese perfume vale el sueldo de casi un año y se pudo haber ayudado a muchos pobres con ese dinero."

Pero Judas en verdad no se interesaba por los pobres sino que él estaba a cargo del dinero que le ofrendaban a Jesús y él robaba de ese dinero. Judas había sido un discípulo por mucho tiempo y había visto el amor y el poder de Jesús pero aun así no lo amaba de corazón.

Jesús sabía todas estas cosas, como también sabía del gran amor de María y su deseo de complacerle. Jesús dijo a Judas: "Ella ha hecho algo bueno. A los pobres siempre los tendrán con ustedes; los pueden ayudar cuando quieran pero a mí no siempre me tendrán porque pronto los dejaré. Voy a morir y ser sepultado. Al ungirme, María ha preparado mi cuerpo para la sepultura. Cuando alguien hable de mí, por el mundo entero también recordarán a María y contarán lo que ella ha hecho."

En esos días muchos judíos de Jerusalén venían a Betania para ver a Jesús porque quedaba cerca, a unos tres kilómetros solamente. También deseaban ver a aquel que había estado muerto. Muchos volvieron a su ciudad creyendo que Jesús verdaderamente era el Hijo de Dios. Aún creían algunos de los líderes principales pero tenían miedo de decirlo abiertamente.

Los fariseos habían anunciado que si alguno decía que Jesús era el Cristo sería sacado de la sinagoga. Y viendo que muchos creyeron en Jesús por haber levantado de la muerte a Lázaro, planificaron matarlo a él también.

Jesús entra a Jerusalén como rey
Lucas 19 - Jerusalén

Era el primer día de la fiesta de la Pascua. Mucha gente había llegado de todos los pueblos a la ciudad de Jerusalén. Buscaban a Jesús, y se preguntaban unos a otros: "¿Qué creen ustedes? ¿Vendrá Jesús a celebrar la fiesta?"

Los sacerdotes principales y los fariseos habían ordenado que, si alguien veía a Jesús, fuera a avisarles, pues querían arrestarlo.

La gente sabía que Jesús estaba cerca, en Betania, y sabían que en cualquier momento aparecería en Jerusalén. Entonces dieron la voz que Jesús estaba por llegar y una gran multitud de hombres, mujeres y niños salieron a su encuentro, ansiosos de ver el gran Maestro.

Jesús envió a dos de sus discípulos a Betfagé, un pueblo cercano diciendo: "Vayan a ese pueblo que se ve desde aquí. Tan pronto como entren, van a encontrar una burra atada, junto con un burrito que nunca ha sido montado. Desátenlo y tráiganlo. Si alguien les dice algo, ustedes responderán: El Señor lo necesita; enseguida se lo devolverá."

Los dos discípulos fueron al pueblo e hicieron lo que Jesús les había ordenado. Allí encontraron un burro atado en la calle, y lo desataron. Algunas personas que estaban allí les preguntaron: "¿Qué están haciendo? ¿Por qué desatan al burro?" Los discípulos contestaron lo que Jesús les había dicho. Y entonces aquéllos los dejaron ir. Luego los discípulos pusieron sus mantos sobre el burro, lo llevaron a donde estaba Jesús, y Jesús se montó sobre él. Los discípulos estaban contentos y emocionados de ver a Jesús que estaba a punto de entrar en la ciudad como hacían los reyes de Israel cuando llegaban al trono.

Esto sucedió para que se cumpliera lo que Dios había anunciado por medio del profeta Zacarías donde leemos en el versículo nueve del noveno capítulo: *"¡Alégrate mucho, ciudad de Sión! ¡Canta de alegría, ciudad de Jerusalén! Tu rey viene a ti, justo y victorioso, pero humilde, montado en un burro, en un burrito, cría de una burra."*

Cuando la multitud vio que se aproximaba Jesús se pusieron locos de alegría. Querían que Jesús fuera su rey. Empezaron a extender sus mantos en el camino por donde iba a pasar Jesús. Otros cortaron ramas de árboles y también las pusieron como alfombra en el suelo. Y toda la gente, tanto la que iba delante de él como la que iba detrás, gritaba: "¡Viva el Salvador, el Hijo de David! ¡Bendito el que viene en el nombre del Señor! ¡Viva Dios que está en los cielos!"

Cuando Jesús entró en Jerusalén, toda la ciudad se agitó, y decían: "¿Quién es este hombre?" Y las multitudes contestaban: "Este es el profeta Jesús, de Nazaret de Galilea."

Entre la multitud había también unos fariseos a quienes no les gustó cuando el pueblo alababa a Jesús agitando ramas de palmeras delante de él mientras cabalgaba como un rey. Y al escuchar los gritos alegres de la gente le pidieron a Jesús que reprendiera a sus discípulos. Pero él les contestó: "Les aseguro que si ellos se callan, las piedras gritarán."

La gente siguió caminando hacia el templo alabando y glorificando a Dios porque había llegado por fin el Cristo. Cuando la procesión llegó al templo, Jesús entró y se puso a ver cómo estaba todo. Pero como ya era tarde, se fue con sus discípulos al pueblo de Betania y pasaron la noche allí.

La purificación del templo
Marcos 11 - Jerusalén

Al día siguiente Jesús se encaminó nuevamente hacia Jerusalén y fue al templo. Ya sabía lo que iba a encontrar allí porque lo había visto el día anterior. No le había gustado nada porque en lugar de un templo para adorar a Dios parecía un mercado. Sabía lo que debía hacer.

Estaba triste y a la vez enojado, y empezó a sacar de allí a los que estaban vendiendo y comprando. Derribó las mesas de los que cambiaban dinero de otros países por dinero del templo, y también derribó los cajones de los que vendían palomas. Y Jesús no dejaba que nadie anduviera por el templo llevando cosas.

Luego les explicó a la gente por qué había hecho eso y le dijo: "Dios dice en su Palabra: Mi casa será llamada 'Casa de oración para todos los pueblos'. Pero ustedes la han convertido en cueva de ladrones."

Dios no se complacía que su casa fuese un comercio con el bullicio de la gente gritando por comprar más barato y el ruido y los olores de los animales. Su casa debía ser una casa de reflexión donde uno podía pensar en Dios, acercarse a él y adorarle. Pero había encontrado algo muy diferente y la gente más interesada en ganar dinero que en su Padre Dios.

Cuando los sacerdotes principales y los maestros de la ley escucharon a Jesús, empezaron a buscar la forma de matarlo. Pero le tenían miedo, pues toda la gente estaba asombrada por lo que enseñaba.

Al llegar la noche, Jesús y sus discípulos salieron de la ciudad y pasaron la noche nuevamente en Betania.

Los fariseos hacen una pregunta
Marcos 12 – Jerusalén

Al día siguiente Jesús nuevamente camina a la gran ciudad. Son sus últimos días de vida sobre la tierra. Le quedan sólo algunos días para estar con sus amigos. Hay mucha gente en la ciudad a causa de la fiesta de la Pascua y cada día Jesús enseña en el templo y sana a los enfermos. La gente queda maravillada por su enseñanza y más que nunca los fariseos desean matarlo y terminar con este hombre que les molesta tanto.

Aunque Jesús enseñó abiertamente en el templo, ninguno de los fariseos se atrevía a hacerle daño.

En aquellos tiempos los judíos no tenían su propio rey porque no eran libres. Casi todo el mundo conocido había sido conquistado por los romanos y debía pagar impuestos a Roma. Los judíos odiaban estar bajo el dominio romano y tener que obedecer al gobernador romano. Se llamaba Poncio Pilato.

Los romanos permitían que los judíos tengan autoridad sobre asuntos pequeños y que el sumo sacerdote actuara como juez. Pero si un hombre cometía un crimen cuyo castigo era la muerte, se debía presentar ante Pilato. El sumo sacerdote no tenía autoridad para condenar a muerte.

Por lo tanto, aunque los sacerdotes y los fariseos querían matar a Jesús porque sanaba en el día de reposo y se llamaba el Hijo de Dios, no se atrevían a dañarle. Sabían que el gobernador romano no le condenaría a muerte por aquellos motivos porque no le interesaban y en su juicio no eran dignos de muerte. Para Pilato esos cargos eran demasiado triviales para merecer la muerte.

Así que los judíos trataron de ponerle una trampa a Jesús para que dijera algo en contra de la ley romana y así pudieran acusarle ante Pilato. Uno de ellos le preguntó a Jesús si era lícito pagar impuestos al emperador romano, el César. Ahora, los judíos odiaban pagar impuestos a Roma. Los fariseos pensaron que para congraciarse con el pueblo, Jesús diría que debían dar su dinero a Dios. Si decía eso le podían acusar a Pilato que Jesús fomentaba a la gente que no paguen sus impuestos a César y así Pilato lo arrestaría.

Pero Jesús sabía muy bien que eran hipócritas y que sólo querían ponerle una trampa. Les dijo: "Ustedes sólo fingen que quieren saber. Tráiganme una de las monedas que se usan para pagar los impuestos."

Entonces ellos le llevaron una moneda de plata, y Jesús les preguntó: "¿De quién es la imagen que está en la moneda? ¿De quién es el nombre escrito en ella?" Ellos contestaron: "Del emperador de Roma." Jesús les dijo: "Denle entonces al emperador lo que es del emperador, y a Dios lo que es de Dios."

Al escuchar la respuesta de Jesús, todos quedaron muy asombrados. No hallaron ninguna falta en su respuesta. Hasta los mismos fariseos quedaron maravillados por la respuesta tan perfecta y tuvieron que reconocer que ningún hombre había hablado antes como Jesús. Y no pudieron hacer nada más.

Había otra razón por la cual los líderes y los fariseos no tocaron a Jesús. Ellos tenían miedo de las multitudes que venían cada día a escucharlo enseñar en el templo. Esta gente amaba a Jesús y creían en él. No hubieran permitido que los soldados romanos lo tocaran. Hubieran luchado contra ellos y habría un terrible alboroto.

Así que los sacerdotes principales y los escribas y los ancianos se reunieron en el palacio del sumo sacerdote, Caifás. Nuevamente intentaron idear una manera de tomar a Jesús por sorpresa.

El mandamiento más importante
Marcos 12 - Jerusalén

Algunas personas le hacían preguntas a Jesús porque sinceramente querían saber y a Jesús le gustaba contestarlas. Se acercó uno de los maestros de la ley y le preguntó: "Maestro, ¿cuál es el mandamiento más importante?"

Jesús contestó: "El mandamiento más importante es este: '¡Oye, Israel! El Señor nuestro Dios es el único Señor. Ama al Señor tu Dios con todo tu corazón, con toda tu alma, con toda tu mente y con todas tus fuerzas'. Y el segundo es: 'Ama a tu semejante como te amas a ti mismo'. No hay otro mandamiento más importante que estos."

Entonces el maestro de la ley contestó: "Esa fue una buena respuesta, Maestro. Tienes razón, el Señor es el único Dios y no hay otro aparte de él. Uno debe amar a Dios con todo su corazón, con todo su entendimiento y con todas sus fuerzas, y al semejante como a sí mismo. Estos mandamientos son más importantes que todos los sacrificios que ofrecemos a Dios.

Al ver Jesús que el hombre había contestado sabiamente, le dijo: "No estás lejos del Reino de Dios."

Cuando entendemos la importancia de estos dos principios y los ponemos en práctica comprobamos que estamos cumpliendo todas las demás leyes y principios de Dios. Todas las leyes y preceptos de Dios descansan en estos dos grandes mandamientos.

La ofrenda de la viuda
Marcos 12 - Jerusalén

Jesús estaba en el templo, sentado frente a las cajas de las ofrendas. Allí veía cómo la gente echaba dinero en ellas. Mucha gente rica echaba grandes cantidades de dinero. En eso llegó una viuda pobre, y echó en una de las cajas dos moneditas de poquísimo valor.

Entonces Jesús dijo a sus discípulos: "Les aseguro que esta viuda pobre dio más que todos los ricos. Porque todos ellos dieron de lo que les sobraba, pero ella, que es tan pobre, dio todo lo que tenía para vivir."

Jesús quiso recalcar que lo más importante no es la cantidad que se ofrenda sino cuánto amor a Dios hay en el corazón y qué es lo que motiva dar esa ofrenda. Los ricos dieron mucho porque aún tenían muchísimo más guardado en sus casas, pero la viuda pobre amaba tanto, tanto a Dios que estaba dispuesta a darle absolutamente todo lo que tenía.

Entonces Jesús con sus discípulos salieron de la ciudad, cruzaron el arroyo y fueron al monte de los Olivos desde donde podían ver la ciudad.

Jesús conversa con los discípulos
Mateo 24 a 26 - Monte de los Olivos

Jesús había llevado a los discípulos al Monte de los Olivos. Allí estaban solos y tranquilos. Jesús quería decirles algunas cosas específicas porque sabía que le quedaba poco tiempo. Se sentaron y uno de los discípulos le preguntó: "Dinos, ¿cuál será la señal de tu venida y que ha llegado el fin del mundo? ¿Cuáles serán las señales?"

Entonces Jesús les contó acerca de su segunda venida. Ese día él vendrá como Rey sobre las nubes del Cielo, con sus ángeles y todo el mundo lo verá. Vendrá rápidamente como el relámpago que alumbra todo el cielo. Nadie sabe cuándo será ese día, ni los ángeles; sólo el Padre lo sabe. Todas las naciones se reunirán delante de él en su trono de gloria. Los que lo aman estarán a su derecha y los demás a su izquierda.

"Entonces," dijo Jesús, "yo, el Rey, les diré a los buenos: '¡Mi Padre los ha bendecido! ¡Vengan, participen del Reino que mi Padre preparó desde antes de la creación del mundo! Porque cuando tuve hambre, ustedes me dieron de comer; cuando tuve sed, me dieron de beber; cuando tuve que salir de mi país, ustedes me recibieron en su casa; cuando no tuve ropa, ustedes me la dieron; cuando estuve enfermo, me visitaron; cuando estuve en la cárcel, ustedes fueron a verme.'

Y los buenos me preguntarán: 'Señor, ¿cuándo te vimos con hambre y te dimos de comer? ¿Cuándo tuviste sed y te dimos de beber? ¿Alguna vez tuviste que salir de tu país y te recibimos en nuestra casa, o te vimos sin ropa y te dimos qué ponerte? No recordamos que hayas estado enfermo, o en la cárcel, y que te hayamos visitado.'

Yo, el Rey, les diré: 'Lo que ustedes hicieron para ayudar a una de las personas menos importantes de este mundo, a quienes yo considero como hermanos, es como si lo hubieran hecho para mí.'

Luego les diré a los malvados: '¡Aléjense de mí! Lo único que pueden esperar de Dios es castigo. Váyanse al fuego que nunca se apaga, al fuego que Dios preparó para el diablo y sus ayudantes. Porque cuando tuve hambre, ustedes no me dieron de comer; cuando tuve sed, no me dieron de beber; cuando tuve que salir de mi país, ustedes no me recibieron en sus casas; cuando no tuve ropa, ustedes tampoco me dieron qué ponerme; cuando estuve enfermo y en la cárcel, no fueron a verme.'

Ellos me responderán: 'Señor, nunca te vimos con hambre o con sed. Nunca supimos que tuviste que salir de tu país, ni te vimos sin ropa. Tampoco supimos que estuviste enfermo o en la cárcel. Por eso no te ayudamos.'

Entonces les contestaré: 'Como ustedes no ayudaron ni a una de las personas menos importantes de este mundo, yo considero que tampoco me ayudaron a mí.' Esta gente malvada recibirá un castigo interminable, pero los que obedecen a Dios recibirán la vida eterna."

Al finalizar esta conversación tan importante con sus discípulos y de exponer todas estas cosas que sucederían en el futuro, Jesús les dijo: "Como ya saben, faltan dos días para la Pascua, y el Hijo del hombre será entregado para que lo crucifiquen." Jesús necesitaba que sus amigos estén preparados para lo que iba a suceder porque iba a ser muy difícil para ellos.

Judas traiciona a Jesús
Lucas 22 - Jerusalén

Mientras Jesús conversaba con sus amigos había uno que no estaba escuchando. En el corazón de Judas Iscariote había pensamientos malvados.

Como su corazón no estaba lleno de amor por Jesús, Satanás encontró lugar allí para un plan muy maléfico. Satanás le puso en la mente de Judas el deseo de traicionar a Jesús por dinero a los sacerdotes y fariseos quienes deseaban matar a su Maestro. Su amor por el dinero era mayor que su amor por Jesús.

Más tarde Judas fue a visitar a los principales sacerdotes en secreto y les preguntó: "¿Qué me darán si les entrego a Jesús cuando esté solo?" Los sacerdotes se pusieron muy contentos de saber que ya se había encontrado la manera de arrestar a Jesús con la ayuda de Judas. Le prometieron dar treinta monedas de plata que era mucho dinero. Judas también estaba muy contento. Amaba el dinero y sólo tenía que hacer una cosa fácil para obtenerlo.

Por supuesto que ni Judas ni Satanás podrían haber tocado al Hijo de Dios, si él no se los hubiera permitido. Jesús es el Dios verdadero y con mucho más poder.

Jesús no murió a causa de los celos de los sacerdotes ni por la avaricia de Judas ni por el odio de Satanás. Jesús, que es santo y sin pecado murió porque por ese motivo había venido al mundo. Murió porque por voluntad propia quería tomar el castigo de nuestros pecados – el castigo que nosotros merecíamos y que de otra manera hubiera caído sobre nosotros. Murió porque nos amó. Y ahora si le amamos y acudimos a él, nos salvará del pecado y la muerte eterna.

Preparación para la cena de recordación
Lucas 22 - Jerusalén

Por toda la ciudad de Jerusalén la gente se preparaba para la fiesta de los Panes sin Levadura. Eran ocho días de fiesta. El primer día se celebraba la Pascua en la cual recordaban algo que había sucedido hacía mil cuatrocientos años antes. En ese tiempo los judíos eran esclavos en Egipto. Cuando el faraón no les quiso dar libertad, Dios mandó diez plagas sobre los egipcios. Por último, Dios envió el Ángel de la Muerte a los hogares egipcios y en cada casa el primogénito yacía muerto.

Dios les mandó a los judíos matar un cordero y de rociar su sangre sobre los dinteles de sus casas. Cuando el Ángel de la Muerte viera la sangre, pasaría de largo esa casa y no moriría nadie. A la noche cenarían comiendo el cordero y unas hierbas amargas.

Los judíos aún recordaban aquella noche. Todos los años comían un cordero para recordar que ese animalito tomó el lugar del primogénito y fueron salvos de la muerte.

El cordero de la Pascua no sólo les recordaba a los judíos aquella noche en Egipto. También les señalaba que algún día el Cristo vendría y moriría por el pueblo. Jesús es el verdadero Cordero de Dios porque tomó nuestro lugar y murió para salvarnos, del mismo modo que el cordero pascual murió en lugar del primogénito.

Llegó el día de la fiesta de los Panes sin Levadura en que debía sacrificarse el cordero de la Pascua. Jesús quería celebrar esa conmemoración en Jerusalén. Entonces envió a Pedro y a Juan, diciéndoles: "Vayan y preparen la Pascua para nosotros, para que la comamos."

"¿Dónde deseas que la preparemos?" le preguntaron. Y él les respondió: "Miren, al entrar en la ciudad, les saldrá al encuentro un hombre que lleva un cántaro de agua; síganlo a la casa donde entre. Y dirán al dueño de la casa: 'El Maestro te dice: '¿Dónde está la habitación, en la cual pueda comer la Pascua con mis discípulos?' Entonces él les mostrará un aposento alto, dispuesto; prepárenla allí."

Ellos fueron y encontraron todo tal como él les había dicho; y prepararon la Pascua – la cena de recordación.

Jesús lava los pies de los discípulos
Juan 13 - Un aposento alto

Cuando anocheció Jesús llevó a sus discípulos a aquella casa y subieron al segundo piso donde estaba todo listo para que cenen juntos. Los discípulos, aunque no entendían todo lo que iba a suceder, sabían que pronto Jesús los dejaría y estaban tristes. Tenían que aprovechar estos últimos momentos juntos.

Jesús sabía que se acercaba el momento en que dejaría este mundo para ir a reunirse con Dios, su Padre. Él siempre había amado a sus seguidores que estaban en el mundo. Jesús sabía que Judas ya lo había traicionado pero también que el Padre le había dado poder sobre todo, y que había venido de Dios e iba a regresar a él.

Durante la cena Jesús se levantó de la mesa porque quería hacer algo muy significativo. Se quitó su manto y se ató una toalla a la cintura. Luego echó agua en un recipiente, y comenzó a enjuagar los pies de sus discípulos y a secárselos con la toalla. Cuando le tocó el turno a Pedro, éste le dijo a Jesús: "Señor, no creo que tú debas lavarme los pies." Pedro no se sentía digno que el Maestro le lavara los pies, más bien, debería ser el discípulo que le lavara los pies al Maestro.

Jesús le respondió: "Ahora no entiendes lo que estoy haciendo, pero después lo entenderás. Si no te lavo los pies, no podrás ser mi seguidor. Simón Pedro dijo: "¡Señor, entonces no me laves solamente los pies, sino lava también las manos y la cabeza!" Jesús le dijo: "El que está recién bañado está totalmente limpio, y no necesita lavarse más que los pies. Y ustedes están limpios, aunque no todos." (Esto último dijo por Judas).

Eran los sirvientes los que generalmente lavaban los pies a las personas. Jesús les quiso dar una lección de humildad a sus discípulos y que su vida estaba al servicio de los demás. Después de lavarles los pies, Jesús se puso otra vez el manto y volvió a sentarse a la mesa.

La última cena
Juan 13 - El aposento alto

Mientras comían juntos la cena de recordación Jesús les dijo: "He deseado muchísimo comer con ustedes esta Pascua, antes de que yo sufra y muera." Y les preguntó: "¿Entienden ustedes lo que acabo de hacer? Pues si yo, su Señor y Maestro, les he lavado los pies, también ustedes deben lavarse los pies unos a otros. Yo les he dado el ejemplo, para que ustedes hagan lo mismo."

Después de haber dicho esto, Jesús se entristeció profundamente y dijo algo inesperado: "Uno de ustedes que come conmigo me traicionará esta noche." Los discípulos se entristecieron y estaban perturbados. Los discípulos comenzaron a mirarse unos a otros, sin saber de quién estaba hablando.

¿Cómo podía ser que uno de ellos traicionara a su amado Maestro después de estar juntos tanto tiempo? El discípulo sentado al lado de Jesús le preguntó: "Señor, ¿quién te va a traicionar?"

Jesús le respondió: "Voy a mojar pan en el plato. Después lo daré al que me va a traicionar." Jesús mojó el pan y se lo entregó a Judas.

Uno pensaría que después de escuchar esto Judas no haría eso tan horrible que estaba planeando. Pero Satanás entró en su corazón malvado y le susurró que esa misma noche era el mejor momento para entregar a Jesús a los oficiales. Era de noche y toda la gente estaba en sus hogares celebrando la cena de la Pascua y Jesús estaba solo con sus discípulos.

Conociendo los pensamientos de Judas, Jesús le dijo: "Judas, lo que vas a hacer, hazlo pronto." Y Judas salió inmediatamente.

Pero ninguno de los que estaba allí entendió lo que Jesús había dicho. Como Judas era el encargado de guardar el dinero del grupo, algunos pensaron que Jesús le había pedido que comprara algo o que repartiera dinero a los pobres.

Una cena para recordar siempre
Mateo 26 - El aposento alto

Jesús con sus discípulos estaban celebrando la fiesta de los Panes sin Levadura, recordando cómo Dios evitó que muriera el primogénito de cada familia y dando libertad de la esclavitud a todo el pueblo judío.

Ahora Jesús iba a hacer otra cosa simbólica para que sus seguidores siempre recordaran su gran sacrificio por el cual les daba libertad del pecado y vida eterna.

Entonces tomó pan y lo bendijo y lo partió. Y le dio a cada uno de los discípulos para que comieran de ese pan diciendo: "Tomen del pan y coman. Y hagan esto siempre para recordar que yo doy mi cuerpo en sacrificio de ustedes."

Luego tomó una copa de vino y dio gracias, y dijo: "Beban de esta copa. Representa mi sangre que es derramada para salvar a muchos."

Desde esa noche la gente que ama a Jesús, en todo el mundo celebra la Cena del Señor al comer del pan y beber el vino en memoria del cuerpo y la sangre de nuestro amado Señor quien lo dio por nosotros. Para aquellos que lo aman y han pedido perdón por sus pecados, recordar a Jesús mediante estos símbolos, es un tiempo de reflexión y gratitud.

La última conversación de Jesús con los discípulos
Juan 13-15 - El aposento alto

Después de la cena, en la sobremesa, Jesús les dijo muchas cosas a sus amados amigos para consolarles antes que los dejara.

"Ahora es glorificado el Hijo del hombre, y Dios es glorificado en él. Si me aman, obedecerán mis mandamientos. Les doy este mandamiento nuevo: que se amen los unos a los otros. Así como yo los amo a ustedes, así deben amarse ustedes los unos a los otros. Y todo el mundo se dará cuenta de que son discípulos míos.

No se preocupen; como confían en Dios, confíen también en mí. Hay muchos lugares en la Casa de mi Padre y yo voy a prepararles un lugar,"

Los discípulos sabían que este momento era muy especial. Serían las últimas palabras de Jesús y su última enseñanza así que ellos escuchaban muy atentamente y no querían perderse nada.

Jesús continuó: "Yo soy el camino, la verdad y la vida. Solamente por mí se llega al Padre. Les digo la verdad: el que cree en mí también va a hacer las obras que yo hago. Y hará obras más grandes porque yo regreso al Padre. Todo lo que ustedes pidan en mi nombre, lo haré. Así la grandeza del Padre se mostrará a través del Hijo. Yo haré lo que ustedes pidan en mi nombre. No estén preocupados. No los dejaré solos. Le pediré al Padre y les dará otro Consejero para que esté siempre con ustedes. Él enviará el Espíritu Santo quien los ayudará y les enseñará todas las cosas, y les recordará todo lo que les he enseñado."

Después que Jesús ascendiera al cielo, el Espíritu Santo vino a vivir en los corazones de todos los que lo aman para consolarles, ayudarles y enseñarles. El Espíritu Santo es Dios de la misma manera que lo son Jesús y el Padre. Estas tres personas son un solo Dios. No lo podemos entender en verdad. Dios es tan,

tan grande que no se puede entender con nuestras mentes tan limitadas. El Espíritu Santo nos ayuda a saber que esto es verdad. El Espíritu Santo también nos ayuda a servir a Dios y a otros y a hacer las obras de bien. Nos ayuda a hablar a otros del gran amor de Dios.

"Ustedes han estado conmigo desde el comienzo, han escuchado todas mis enseñanzas y han visto todas mi obras," dijo Jesús. "Ahora quiero que vayan y cuenten a todos acerca de mí. Ahora me voy y estarán tristes pero pronto los veré nuevamente y se pondrán muy felices."

Los discípulos estaban un poco confusos porque no entendían cuando les dijo que le verían de nuevo en poco tiempo. No sabían que Jesús resucitaría de la muerte.

Terminó diciendo: "Les dejo la paz. Yo les he dicho estas cosas para que en mí hallen paz. En este mundo afrontarán aflicciones, pero ¡anímense! Yo he vencido al mundo."

Luego Jesús quería rogar al Padre por sus amigos. Levantó sus ojos al cielo y oró: "Padre, ha llegado la hora y tengo que dejar la tierra. He terminado la obra que me encargaste. He dado la vida eterna a aquellos que te aman. Te he glorificado aquí en la tierra. Pero ahora vengo a ti. Te pido que guardes a mis discípulos de todo mal. Y ruego no sólo por ellos sino por todos aquellos que creen en mí, dondequiera que estén."

Después de orar, Jesús y los discípulos cantaron un himno. Luego salieron de allí y salieron de la ciudad, cruzando el arroyo del Cedrón hasta llegar al monte de los Olivos donde habían ido muchas veces juntos.

Jesús advierte a Pedro
Marcos 14 - En camino a Getsemaní

La noche estaba muy quieta ya que todos estaban celebrando en sus casas. Mientras caminaban hacia el monte Jesús dijo: "Esta noche todos ustedes me abandonarán."

Los discípulos protestaron: "No, Jesús, nunca podríamos hacer tal cosa." ¡Cómo podrían abandonarlo si lo amaban tanto! Entonces Pedro dijo: "Aunque todos te dejaran, yo no lo haré."

Jesús lo miró con mucha tristeza y le dijo: "Pedro, Pedro, la verdad es que esta misma noche, antes que el gallo cante dos veces, me habrás negado tres veces que me conoces."

Pedro no podía creer que él fuera a hacer tal cosa porque amaba a Jesús de todo corazón e insistió diciendo: "Maestro, nunca te dejaré. Si tuviera que morir, no te negaría." Y cada uno de los discípulos confirmó lo mismo. Pero ellos no sabían lo que estaba a punto de ocurrir aquella noche.

En el jardín de Getsemaní
Marcos 14 - Getsemaní

Había un lugar bonito en el monte de los Olivos llamado el huerto de Getsemaní. A Jesús le gustaba mucho ir allí con sus discípulos. Ahora los llevó allí esa noche después de cenar juntos y les pidió que se sentaran y lo esperaran porque quería orar.

Jesús invitó a Pedro, a Santiago y a Juan, para que lo acompañaran. Empezó a sentirse muy, pero muy triste. Abrió su corazón y les dijo cómo se sentía: "¡Mi tristeza es tan grande que me siento morir! Quédense aquí y manténganse despiertos."

Jesús se alejó un poco de ellos, se arrodilló y oró a Dios: "¡Padre! ¡Papá!, si fuera posible, no me dejes sufrir. Para ti todo es posible. ¡Cómo deseo que me libres de este sufrimiento! Pero que no suceda lo que yo quiero, sino lo que quieras tú."

Jesús siempre supo que había venido al mundo para sufrir y morir por el pecado de la gente pero cuando se enfrentó con ese terrible sufrimiento le parecía que no lo iba a poder soportar. En su gran agonía y angustia Jesús sudaba mucho y era como grandes gotas de sangre que caían al suelo.

Después de un tiempo se levantó y fue donde estaban los discípulos. Tristemente los encontró durmiendo. Los sacudió reprendiéndoles: "¡Cómo! ¡Ni tan solo una hora han podido velar conmigo! No se duerman; oren para que puedan resistir la prueba que se acerca. Ustedes quieren hacer lo bueno, pero no pueden hacerlo con sus propias fuerzas.

Necesitan orar y pedir que Dios les dé fuerzas."

Jesús se alejó nuevamente para orar al Padre y por segunda vez decía: "Padre mío, si tengo que soportar este sufrimiento, sea hecha tu voluntad."

Cuando terminó de orar la segunda vez se levantó y fue a ver a los discípulos y los encontró durmiendo nuevamente. Los despertó y estaban avergonzados sin saber qué decir.

Necesitan orar y pedir que Dios les dé fuerzas."

Jesús se alejó nuevamente para orar al Padre y por segunda vez decía: "Padre mío, si tengo que soportar este sufrimiento, sea hecha tu voluntad."

Cuando terminó de orar la segunda vez se levantó y fue a ver a los discípulos y los encontró durmiendo nuevamente. Los despertó y estaban avergonzados sin saber qué decir.

Jesús aunque era Dios, también era hombre y necesitaba apoyo durante su sufrimiento, como todas las personas. Los discípulos necesitaban estar fortalecidos por Dios para poder enfrentar lo que estaba por suceder. Pero los discípulos no velaron ni oraron, ¡se durmieron! Luego Jesús fue a orar este ruego por tercera vez, y para ayudarlo Dios envió un ángel para fortalecerlo.

Luego, cuando volvió, les dijo a los discípulos: "¿Siguen descansando y durmiendo? ¡Levántense! Ha llegado el momento en que el Hijo del hombre será entregado en manos de hombres malvados ¡Levántense y vámonos! ¡Miren, aquí viene el que me va a traicionar!"

Jesús es arrestado
Juan 18 - Getsemaní

En la oscuridad de la noche se podían ver las llamas de antorchas y al acercarse, observar también a una tropa de soldados romanos. Los acompañaban unos guardias del templo, que habían sido enviados por los sacerdotes principales y por los fariseos. Estaban armados con cuchillos y palos y al frente estaba - ¡Judas!

Después de la cena en el aposento alto, Judas había ido a los sacerdotes principales y los fariseos y les había dicho que esa noche era el momento oportuno ya que Jesús estaría solo con sus discípulos. Sabía que iría a ese jardín. Les pidió algunos soldados para apresarlo y les dijo que él que debían arrestar sería al que le daba un beso.

Al llegar al huerto Judas se acercó a Jesús diciendo: "Maestro, maestro," como si estuviera contento de verlo, y le dio un beso. Jesús sabía que no había amistad en el corazón de Judas y le dijo con tristeza: "Judas, ¿me traicionas con un beso?"

Y a los soldados les preguntó: "¿A quién buscan?" Ellos contestaron: "A Jesús de Nazaret."

El Maestro les dijo con dignidad: "Yo soy."

Al oír esas palabras pronunciadas por el mismísimo Hijo de Dios, los soldados y los guardias del templo quedaron impresionados, retrocedieron y cayeron de espaldas al suelo sin atreverse a tocarle. El mismo poder de la Palabra divino los hizo caer de espaldas.

Entonces, Jesús volvió a preguntarles: "¿A quién buscan?" "A Jesús de Nazaret," respondieron de nuevo.

"Ya les dije que soy yo," contestó Jesús. "Si es a mí a quien buscan, dejen ir a mis seguidores."

Pedro, al ver que los soldados iban a arrestar a Jesús, pensó que sería bueno luchar e intentar defender a Jesús. No quería que nadie tocara a su amado Señor.

Entonces Pedro, que tenía una espada, la sacó e hirió al siervo del sumo sacerdote, y le cortó la oreja derecha. Jesús le dijo a Pedro: "Mete la espada en la vaina. ¿No te das cuenta de que yo puedo llamar a mi Padre, y él mandaría ahora mismo más de doce batallones de ángeles para salvarme? Pero si hiciera eso, ¿cómo se cumpliría lo que está en las Escrituras, donde dice que todo debe suceder de esta forma?" Entonces Jesús tocó la oreja del criado y fue sano.

Con eso los soldados lo apresaron a Jesús, lo ataron y se lo llevaron. Los discípulos estaban llenos de miedo y huyeron creyendo que serían arrestados también.

Pedro niega a Jesús
Juan 18 - Palacio de Caifás, Jerusalén

Todos los sacerdotes principales, los escribas y los ancianos estaban reunidos en la casa de Caifás, el sumo sacerdote, esperando que llegara Judas trayéndoles a Jesús.

Pedro y Juan habían seguido a los soldados a cierta distancia para ver lo que sucedería a su Maestro. Resulta que Juan conocía a Caifás y pudo entrar a la casa donde lo condujeron a Jesús pero Pedro no se atrevió a entrar y se quedó afuera. Cuando Juan vio que Pedro había quedado afuera le habló a la portera quien lo dejó entrar. La muchacha lo miró a Pedro al entrar y le preguntó: "¿No eres tú uno de los discípulos de este hombre?" Pedro se puso nervioso y le entró un miedo terrible. Pensaba que la muchacha lo delataría a los sacerdotes y que él también sería arrestado y matado. Así que le contestó: "No, no lo soy."

El lugar donde esperaban Pedro y Juan era un patio grande con unas escaleras que conducían al lugar donde los oficiales habían llevado a Jesús. Hacía frío esa noche y los criados habían encendido un fuego para calentarse. Pedro también se acercó. Le preguntaron: ¿"No eres tú uno de sus discípulos?" Esta fue la segunda vez que le preguntaron a Pedro por Jesús y ahora tenía más miedo que antes así que lo negó: "No, de verdad que no lo soy."

Luego, después de una hora más o menos, otra persona, pariente del que Pedro había cortado la oreja, le dijo: "¿No te vi yo en el huerto con él? Por tu forma de hablar se nota que eres de Galilea y que eres uno de ellos." Pedro estaba con tanto miedo que empezó a maldecir y asegurar que no conocía a Jesús. Por tercera vez había negado Pedro a Jesús.

Era ya temprano por la mañana y al terminar de hablar Pedro, cantó el gallo. En ese momento Jesús se dio vuelta y miró a Pedro. Cuando Pedro vio el rostro del Maestro se acordó lo que le había dicho anteriormente: 'Antes que cante el gallo dos veces, me negarás tres veces.'

Pedro salió corriendo del palacio. ¡Cómo podría haber hecho tal cosa! Había negado a su Señor después de jurar que nunca podría hacer tal cosa y que hasta moriría por él. Se sintió muy mal y lloró amargamente. Nunca, nunca podría olvidar cómo lo había mirado Jesús.

Jesús ante el sumo sacerdote
Juan 18 - Palacio de Caifás, Jerusalén

Desde el huerto, los soldados llevaron a Jesús a la casa del sumo sacerdote Caifás, a una habitación en la primera planta donde los sacerdotes y ancianos estaban reunidos juntos para cuestionarle. Era muy tarde en la noche pero estaban determinados a inventar una causa grave para acusarlo y poder así llevarlo por la mañana ante el gobernador romano, Poncio Pilato y convencerlo de que lo castigara con la pena de muerte, la cruz.

Se presentaron testigos falsos, pero ninguno estaba de acuerdo con otro. Muchos vinieron con mentiras en contra de Jesús, pero se contradecían entre ellos. De acuerdo a la ley debía haber por lo menos dos testigos que dijeran lo mismo antes que cualquier persona pudiera ser juzgada.

Jesús guardaba silencio mientras le acusaban. Por fin el sumo sacerdote se puso de pie y le preguntó: "¿Acaso no vas a responder nada? ¿Oíste bien de qué te acusan? ¿Qué puedes decir para defenderte?"

Pero Jesús no respondió nada, sino que se quedó callado.

Entonces el sumo sacerdote le dijo violentamente: "Te ordeno por el Dios viviente que nos digas si tú eres el Cristo (el Mesías), el Hijo de Dios."

Jesús le contestó: "Tú lo has dicho. Y yo les digo también que ustedes van a ver al Hijo del hombre sentado a la derecha del Todopoderoso, y viniendo en las nubes del cielo."

El sumo sacerdote dijo: "¿Escucharon eso? Dice que él es Dios. Eso es blasfemia. ¡Ya no necesitamos más pruebas! ¿Qué les parece?"

Y todos estuvieron de acuerdo en que Jesús debía morir. No querían creer que él era verdaderamente el Hijo de Dios. Pensaban que estaba blasfemando cuando se llamó Dios a sí mismo. De acuerdo a la ley de Moisés cualquiera que blasfemara contra Dios debía morir.

El jefe de los sacerdotes se rasgó la ropa en demostración de enojo por que Jesús se llamaba Dios. Los otros judíos empezaron a tratar a Jesús de una manera vergonzosa. Le escupieron en la cara y lo golpearon. Otros le pegaron en la cara, diciéndole: "Tú que eres el Mesías, ¡adivina quién te pegó!" Luego, los soldados del templo se hicieron cargo de Jesús y lo recibieron a bofetadas.

A estas alturas, ya estaba empezando a amanecer. Una gran multitud de sacerdotes, escribas, y ancianos, llenos de odio en su corazón, atravesaron las calles de la ciudad para llevar a Jesús a la casa de Poncio Pilato.

El fin de Judas
Mateo 27 - Jerusalén

En medio de esa multitud que seguía a los sacerdotes estaba Judas, el traidor.

Cuando Judas escuchó al sumo sacerdote acusando a Jesús y supo que matarían al Maestro, empezó a darse cuenta de la seriedad de lo que había hecho y cuánto se había equivocado. Él sabía muy bien que Jesús era el mejor hombre que haya vivido jamás. Pensó: "¡Qué he hecho! ¡Qué he hecho!"

Se dio cuenta del mal que había hecho y queriendo rectificarlo tomó las treinta monedas de plata que le habían pagado y se las llevó a los sacerdotes y ancianos para devolverlas. Les dijo: "He entregado sangre inocente. Jesús no ha hecho nada malo. Es inocente."

Pero los sacerdotes respondieron fríamente: "Qué nos interesa. Eso es asunto tuyo." Y se negaron a tomar el dinero.

Cuando Judas vio de que era demasiado tarde y que de ninguna manera soltarían a Jesús, les tiró las monedas al suelo, se fue a un campo y allí se ahorcó.

Los sacerdotes levantaron las monedas. "¿Qué podemos hacer con este dinero? No podemos darlo al templo porque es el precio de sangre." Después de consultar, decidieron comprar con ese dinero el terreno para enterrar allí a los extranjeros. Por eso, aquel terreno se conoce con el nombre de 'Campo de Sangre'.

Jesús ante Poncio Pilato
Juan 18 - Palacio de Poncio Pilato, Jerusalén

Muy temprano de mañana, llevaron a Jesús de la casa de Caifás al palacio del gobernador romano. Los jefes de los judíos no entraron en el palacio, por eso Pilato, el gobernador romano, salió y les dijo: "¿De qué acusan a este hombre?"

Ellos le contestaron: "No lo habríamos traído si no fuera un criminal. Hemos hallado a este hombre enseñando cosas equivocadas, diciendo a la gente que no debían pagar los impuestos a César y proclamándose el Cristo, un rey."

Pilato, entonces, entró de nuevo en el palacio y llamó a Jesús para hablar con él a solas. Le preguntó: "¿Acaso eres tú el rey de los judíos?"

Jesús le respondió: "Mi Reino no es de este mundo. Si lo fuera, tendría gente a mi servicio que pelearía para que yo no fuera entregado a los judíos. Pero mi Reino no es de aquí."

"Entonces sí eres rey," replicó Pilato.

Y Jesús le contestó: "Tú lo has dicho: soy Rey. Yo nací y vine al mundo para decir lo que es la verdad. Y todos los que pertenecen a la verdad, me escuchan."

"¿Y qué es la verdad?" preguntó Pilato. Pero no esperó que Jesús le contestara porque no creía que le pudiera enseñar. Pilato, entonces, regresó a donde estaba la gente, y le dijo: "No encuentro ninguna razón para castigar a este hombre."

La multitud se agitó diciendo: "Pero, si ha estado incitando a la gente a rebelarse, desde Galilea y en todo el país."

Al oír esto, Pilato preguntó si el hombre era de Galilea. Y al saber que Jesús era de la jurisdicción de Herodes, se lo envió, pues él también se encontraba aquellos días en Jerusalén. Herodes era el rey que había arrestado a Juan el Bautista y lo había matado.

Al ver a Jesús, Herodes se puso muy contento, porque durante mucho tiempo había querido verlo, pues había oído hablar de él y esperaba verlo hacer algún milagro. Le hizo muchas preguntas, pero Jesús no le contestó nada. También estaban allí los jefes de los sacerdotes y los maestros de la ley, que lo acusaban con gran insistencia. Entonces Herodes y sus soldados lo trataron con desprecio, y para burlarse de él lo vistieron con ropas lujosas, como de rey. Luego Herodes lo envió nuevamente a Pilato diciendo que no encontraba razón para darle muerte.

Jesús ante Pilato por segunda vez
Lucas 23 - Palacio de Poncio Pilato, Jerusalén

La respuesta de Herodes le dio más seguridad a Pilato que estaría equivocado si ordenara matar a Jesús. Su esposa también le envió un mensaje aconsejándole que no condenara a ese hombre bueno ya que había tenido un sueño y estaba segura que era inocente.

Por eso Pilato no quería condenar a Jesús pero para satisfacer a los sacerdotes les recordó la costumbre que tenían los judíos de liberar a un preso durante la Pascua. Les preguntó: "¿Quieren que deje libre al rey de los judíos?" Pilato pensó que los sacerdotes preferirían soltar a Jesús quien no había hecho nada grave en lugar de soltar a un asesino y rebelde llamado Barrabás.

Pero los sacerdotes instaban a la multitud que gritarán: "¡Queremos a Barrabás! ¡Deja libre a Barrabás!"

Pilato quería dejar libre a Jesús. Por eso habló otra vez con todos los que estaban allí: "¿Y qué haré con Jesús, llamado el Cristo?"

Pero ellos gritaron enloquecidos: "¡Que lo claven en una cruz! ¡Que lo claven en una cruz! ¡Suelta a Barrabás!"

Pilato dijo: "¿Por qué quieren que muera? ¿Qué mal ha hecho? Por lo que sé, este hombre no ha hecho nada malo para merecer la muerte. Ordenaré que lo azoten, y luego lo dejaré en libertad."

Pero ellos siguieron gritando con más fuerza, pidiendo que mataran a Jesús.

Entonces Pilato ordenó que le dieran azotes a Jesús. Los soldados no se conformaron con causarle dolor a Jesús y empezaron a insultarle y burlarse de él. Como había dicho que era un rey, fingieron homenajearle como un rey. Le vistieron con un manto de color escarlata como llevaban los reyes. Como corona, tomaron algunas ramas llenas de espinas y las doblaron juntas para formar una corona. Se lo colocaron sobre la cabeza de Jesús y en su mano le pusieron una caña, simulando un cetro real. Y acercándose a él, dijeron: '¡Viva el rey de los judíos!' Y lo golpeaban en la cara.

Pilato volvió a salir, y dijo a la gente: "¡Escuchen! Ordené que traigan a Jesús de nuevo. Yo no creo que sea culpable de nada malo."

Cuando sacaron a Jesús, llevaba puesta la corona de espinas y vestía el manto rojo. Pilato dijo: "Miren, aquí lo traigo, para que sepan que yo no encuentro ningún delito en este caso."

Cuando los jefes de los sacerdotes y los guardias del templo vieron a Jesús, comenzaron a gritar: "¡Clávalo en una cruz! ¡Clávalo en una cruz!"

Pilato les dijo: "Yo no creo que sea culpable de nada. Así que llévenselo y clávenlo en la cruz ustedes mismos."

La gente respondió: "De acuerdo a nuestra ley, este hombre tiene que morir porque dice ser el Hijo de Dios."

Cuando Pilato oyó lo que decían, sintió más miedo. Volvió a entrar en el palacio, llamó a Jesús y le preguntó: "¿De dónde eres?"

Pero Jesús no le contestó. Entonces Pilato le dijo: "¿No me vas a contestar? ¿Acaso no sabes que tengo poder para mandar que te dejen libre, o para que mueras clavado en una cruz?" Jesús le respondió: "No tendrías ningún poder sobre mí, si Dios no te lo hubiera dado. El hombre que me entregó es más culpable de pecado que tú."

A partir de ese momento, Pilato buscó la manera de dejar libre a Jesús, pero la gente gritó: "¡Si dejas libre a ese hombre, no eres amigo del emperador romano! ¡Cualquiera que quiera hacerse rey, es enemigo del emperador!" Pilato vio que no podía hacer nada y no quería llevar la culpa. Tomó un recipiente con agua y se lavó las manos delante de la multitud como si de esa manera se eliminaba de la culpa. Les dijo solemnemente: "Yo no soy culpable de la muerte de este hombre. Los culpables son ustedes."

Y la gente le contestó: "¡Nosotros y nuestros hijos seremos responsables por la muerte de este hombre!" Entonces Pilato puso en libertad a Barrabás, luego ordenó que golpearan a Jesús en la espalda con un látigo, y que después lo clavaran en una cruz.

Se mofan de Jesús
Juan 18 - Jerusalén

Fue grande la alegría de los enemigos de Jesús cuando escucharon que Pilato les dio la orden de crucificar a Jesús. Por fin estarían librados de este hombre que les resultaba una gran molestia. Los soldados romanos ataron a Jesús a un poste. Golpearon su espalda desnuda con un cruel látigo anudado hasta que la piel quedó abierta y sangrando. Entonces los soldados empezaron a mofarse y burlarse. Se arrodillaron delante de él, saludándole: "¡Salve, rey de los judíos!" Le escupieron y le quitaron la caña y la usaron para pegarle.

Jesús lo soportó todo sin decir palabra. Sufrió estas cosas por nosotros como había profetizado Isaías setecientos años antes que llegara Jesús al mundo:

"Todos lo despreciaban y rechazaban. Fue un hombre que sufrió el dolor y experimentó mucho sufrimiento." (Isaías 53:3)

Llevar la cruz
Mateo 27 - Calles de Jerusalén

Después de divertirse, burlándose de Jesús, los brutos soldados le quitaron el manto escarlata. Y sobre sus hombros heridos y sangrantes le pusieron una pesada cruz de madera.

Fuera de los muros de la ciudad de Jerusalén había una pequeña colina llamada Gólgota donde crucificaban a los malhechores. A ese lugar lo llevaron los soldados. La multitud que lo había condenado les seguía y también algunos de sus amigos.

Jesús estaba débil y con gran dolor. Le habían azotado tanto que su espalda era carne viva.

En esas condiciones le costaba mucho caminar, la cruz era muy, muy pesada y el trayecto parecía interminable. En el camino Jesús tropezó y cayó bajo la cruz.

Los soldados vieron a un hombre fuerte cerca. Venía de Cirene y se llamaba Simón. Le obligaron a llevar la cruz porque vieron que Jesús no tenía fuerzas para hacerlo.

¿Dónde estaban los amigos de Jesús? ¿Dónde estaba la multitud de judíos que venía a escucharlo en el templo, los que solamente una semana antes habían clamado: 'Bendito es el rey que viene en el nombre del Señor?' Porque había muchos judíos que sí amaban a Jesús.

La mayoría de los amigos de Jesús no sabía lo que le estaba sucediendo porque los sacerdotes habían tomado las precauciones de detener a Jesús cuando estaba a solas y nadie lo supiera. Era de noche cuando Judas fue al huerto para traicionar a su Maestro. Mantuvieron a Jesús en la casa de Caifás toda la noche y muy temprano, al amanecer, lo llevaron al palacio de Pilato. Aún era muy temprano, siendo las nueve de la mañana y muchos estaban todavía en sus casas desayunando. Muchos, seguramente, fueron al templo, como de costumbre, esperando encontrarlo allí como los días anteriores.

Pero pronto la noticia se extendió rápidamente por todas partes. "¡Han llevado a nuestro Señor! ¡Lo han arrestado y lo van a matar! ¡De prisa! ¡Lo han sacado de la ciudad para crucificarlo!"

Muchos de los amigos de Jesús salieron corriendo de sus casas y se apresuraron para llegar a Gólgota. Entre esas personas estaban las mujeres que siempre habían seguido a Jesús para apoyarlo mientras enseñaba.

Juan, el discípulo amado, no había dejado a Jesús en toda la noche. Vio cómo los soldados golpearon y abofetearon a su Maestro. Se quedó cerca de Jesús en el trayecto a Gólgota.

Al llegar el séquito a ese lugar se pudo ver a los soldados cavando el agujero por donde bajarían la cruz. Los amigos de Jesús miraban, llenos de tristeza, sin poder hacer absolutamente nada. Fue muy difícil contemplar esta escena tan inverosímil.

Gólgota
Juan 19 - Gólgota

Los soldados llegaron a la pequeña colina llamada Gólgota, que traducido es el lugar de la calavera.

Pilato había hecho escribir un título en la parte superior de la cruz. Se escribió en griego, hebreo y latín: *Jesús de Nazaret, el rey de los judíos.*

Entonces colocaron el cuerpo de Jesús sobre la dura madera. Extendieron sus brazos y clavaron grandes clavos en sus manos. Juntaron sus pies y también los clavaron a la madera. No podemos imaginarnos el gran dolor. Pero sí podemos darle gracias por haberlo hecho por nosotros.

Los soldados levantaron la cruz colocándola en el agujero que habían cavado y luego rellenando allí con tierra y piedra para mantenerla recta. También crucificaron a dos criminales, uno a la derecha y el otro a la izquierda de Jesús.

Habiendo terminado, los soldados romanos recogieron su ropa y la partieron en cuatro partes, una para cada soldado. También tomaron el manto de Jesús, pero como era un tejido de una sola pieza y sin costuras, decidieron no romperlo, sino echarlo a la suerte, para ver quién se quedaría con él.

Poco después, Jesús oró: "¡Padre, perdona a toda esta gente! ¡Ellos no saben lo que hacen!"

A pesar de todo el dolor que estaba sufriendo, al colgar de las manos y los pies y el rechazo y desprecio que había recibido, sólo tenía palabras de amor hacia los que lo castigaban.

Sus amigos rodearon la cruz, muy muy tristes y llorando. Entre ellos estaba su madre, la hermana de su madre, María esposa de Cleofas y María Magdalena, quien había sido sanada por Jesús. Juan también estaba allí; no quería alejarse de su lado. Aún en su dolor, Jesús se daba cuenta de que sería muy difícil para su madre cuando él no estuviera y le dijo a ella: "Ahora Juan será tu hijo." Y a Juan le dijo: "Toma mi madre como tu madre," sabiendo que él cuidaría de ella.

Mientras los amigos de Jesús lloraban y lamentaban esta escena tan horrible, había muchos que se gozaban de verlo morir. Los escribas y sacerdotes que habían clamado: '¡Crucifíquenlo!' le habían seguido a Gólgota y allí se mofaban y se burlaban de él diciendo: "Salvó a otros, pero no puede salvarse a sí mismo. Dice que es el Mesías, el rey de Israel. ¡Pues que baje de la cruz y creeremos en él!" La gente que pasaba por allí también insultaba a Jesús y se burlaba de él, haciéndole muecas y diciéndole: "¡Eh! Tú dijiste que podías destruir el templo y construirlo de nuevo en tres días. ¡Si tienes tanto poder, sálvate a ti mismo! ¡Baja de la cruz!"

Uno de los dos criminales que estaban colgados, también lo insultaba: "¡Si tú eres el Mesías, sálvate a ti mismo y sálvanos también a nosotros!"

Pero el otro reprendió a su compañero, diciéndole: "¿No tienes temor de Dios, tú que estás bajo el mismo castigo? Nosotros estamos sufriendo con toda razón, porque estamos pagando el justo castigo de lo que hemos hecho; pero este hombre no hizo nada malo."

Luego añadió: "Jesús, acuérdate de mí cuando comiences a reinar." Jesús le contestó: "Te aseguro que hoy estarás conmigo en el paraíso." Y esa es la respuesta que Jesús da a toda persona que se está muriendo y cree en él.

Jesús agoniza
Juan 19 - Gólgota

Al medio día el sol se oscureció. Durante tres sombrías horas hubo oscuridad en toda la tierra mientras Jesús agonizaba. Jesús sufría el dolor físico de los clavos y los latigazos pero ahora vino un sufrimiento muchísimo mayor: el saber que su Padre lo había abandonado. Ahora él llevaba sobre él mismo todo el pecado del mundo entero, del pasado como también del futuro, los tuyos, los míos y de todos, como si él mismo hubiera pecado. Y Dios le dio el castigo que nosotros merecíamos – abandonó a Jesús y ese fue el peor momento: ser rechazado por su amado Padre a causa de nuestros pecados.

En su angustia Jesús clamó: "Dios mío, Dios mío, ¿por qué me has abandonado?" Esto se vio claramente cuando durante aquellos horas negras, la luz del sol fue quitada y toda la tierra estuvo en una oscuridad total.

Como Jesús sabía que ya todo se había cumplido, y para que se cumpliera la Escritura, dijo: "Tengo sed."

Había allí un jarro lleno de vino agrio. Empaparon una esponja en el vino, la ataron a una rama de hisopo y se la acercaron a la boca. Jesús bebió el vino agrio, y dijo: "Todo está cumplido." Entonces Jesús exclamó con fuerza: "¡Padre, en tus manos encomiendo mi espíritu!" Luego inclinó la cabeza y murió. Su sufrimiento había terminado. Su obra estaba finalizada. Había cargado con nuestros pecados para salvarnos.

En ese momento se rasgó de arriba abajo el velo muy grueso en el templo que separaba el lugar santísimo del resto del templo. Antes solamente el sumo sacerdote podía entrar en el lugar santísimo y sólo una vez al año. Ahora Jesús hizo posible que todos pudieran entrar en la presencia de Dios y además, eso es posible en cualquier momento.

En ese momento también Dios envió un terremoto. La tierra tembló y se sacudió y las rocas se partieron, las tumbas se abrieron, y muchos de los que confiaban en Dios y ya habían muerto, volvieron a vivir. Después de que Jesús resucitara, esas personas entraron en Jerusalén y mucha gente las vio.

Cuando el capitán y los que estaban con él vigilando a Jesús vieron el terremoto y todo lo que estaba pasando, se llenaron de miedo y dijeron: "¡De veras este hombre era Hijo de Dios!" Y tenían razón. Verdaderamente fue el Hijo de Dios que murió allí en la cruz. Murió allí por nosotros. Dio su vida para pagar por nuestros pecados. Lo había predicho el profeta Isaías mucho antes: *"Él cargó con nuestras enfermedades y soportó nuestros dolores. Pero él fue herido por nuestras rebeliones, fue golpeado por nuestras maldades; él sufrió en nuestro lugar, y gracias a sus heridas recibimos la paz y fuimos sanados."* (Isaías 53:4, 5)

Hoy podemos acercarnos a este mismo Jesús con nuestras tristezas, nuestros problemas, todos nuestros pecados. Él nos ve y nos oye y nos ama. Si creemos en él, tenemos una nueva vida – una vida alegre y feliz porque nos libra de todas las cargas.

Jesús es sepultado
Juan 19 - El huerto

Había un hombre bueno y justo llamado José, de Arimatea, un pueblo de Judea. Pertenecía a la Junta Suprema de los judíos. Este José, era discípulo de Jesús y no estuvo de acuerdo con lo que la Junta había hecho. Fue a ver a Pilato y le pidió el cuerpo de Jesús.

También Nicodemo, el que una noche fue a hablar con Jesús, llegó con un perfume - una mezcla de mirra y áloes. Así pues, José y Nicodemo fueron a la cruz y con gran tristeza bajaron el cuerpo sin vida de Jesús. Cerca del lugar donde crucificaron a Jesús había un huerto, y en el huerto un sepulcro nuevo que José había hecho cavar en la roca para él mismo. Todavía no habían puesto a nadie allí y fue donde pusieron el cuerpo de Jesús. Después, con amor y dulzura lo envolvieron con vendas empapadas en aquel perfume, según la costumbre que siguen los judíos para enterrar a los muertos. Hicieron rodar una piedra grande a la entrada del sepulcro. El sol ya se ponía y comenzaba el día de reposo. Los amigos de Jesús debían volverse a casa y con corazón triste salieron de allí.

La mañana siguiente, que era día de reposo, los sacerdotes principales y los fariseos se reunieron en Jerusalén. Mientras se regocijaban de la muerte de Jesús, uno de ellos de repente recordó que Jesús había dicho que después de tres días volvería a vivir. Ninguno de los sacerdotes creía que realmente sucedería eso pero temían que algunos de sus discípulos vinieran de noche, quitaran el cuerpo para luego decir que Jesús había resucitado.

Por lo tanto fueron juntos a ver a Pilato, y le dijeron: "Señor, recordamos que aquel mentiroso, cuando aún vivía, dijo que después de tres días iba a resucitar. Por eso, mande usted asegurar el sepulcro hasta el tercer día, no sea que vengan sus discípulos y roben el cuerpo, y después digan a la gente que ha resucitado. En tal caso, la última mentira sería peor que la primera."

Pilato les concedió los guardias que solicitaban y les pidió que asegurasen el sepulcro lo mejor que pudieran. Fueron, pues, y aseguraron el sepulcro poniendo un sello sobre la piedra que lo tapaba; y dejaron allí los soldados de guardia.

El día de reposo
Mateo 28 - Jerusalén

El día después de la crucifixión era día de reposo. Fue un día muy triste para los amigos de Jesús. Se reunieron juntos los discípulos, la madre de Jesús y las mujeres que siempre lo habían ayudado. Hablaron de lo que había sucedido y se consolaban unos a otros.

Todas estas personas habían amado mucho a Jesús, como a ningún otro. Habían tenido la esperanza que Jesús hubiera establecido su reino y gobernado sobre los judíos, liberándolos de los romanos. Pero como eso no sucedió, estaban tristes y sin esperanza porque no sabían lo que iban a hacer en adelante. Habían vivido un tiempo tan precioso con Jesús y ahora no sabían cómo seguir sin él.

Mientras tanto los guardias estaban vigilando la tumba.

La tumba vacía
Mateo 28 - El huerto

No pasó nada durante el día de reposo ni durante la noche pero al amanecer, ese día domingo, de repente se sintió que la tierra temblaba y se sacudía. Los guardias temían que la tierra los tragase. En ese momento un ángel de Dios bajó del Cielo, movió la piedra que cerraba la tumba, y se sentó sobre ella. El ángel brillaba como un relámpago, y su ropa era blanca como la nieve. Al verlo, los guardias se asustaron tanto que empezaron a temblar y se cayeron a tierra, muertos de miedo. Cuando se reanimaron vieron que la tumba estaba abierta y vacía. Entonces corrieron a la ciudad para contarles a los sacerdotes principales y fariseos sobre el ángel, el terremoto y la tumba vacía.

Cuando los líderes supieron que un ángel había descendido del Cielo para abrir la tumba, deberían haber creído en Jesús. Pero estaban determinados a no creer por más que vieran maravillosos milagros. Así que hicieron algo muy deshonesto, les ordenaron a los guardias que digan a todos que los discípulos habían robado el cuerpo mientras dormían. No debían decir nada acerca del ángel. Y les dieron una cantidad grande de dinero para que cumplieran su palabra. Y si Pilato se enterase, le persuadirían que no les castigasen.

De esa manera los líderes judíos sobornaron a los soldados para mentir y hacer algo incorrecto.

Las primeras visitas a la tumba
Mateo 28 - El huerto

María Magdalena y varias otras mujeres, entre ellas Juana y María, la madre del discípulo que se llamaba Santiago, habían preparado algunas especias la noche antes del día de reposo. Por ley no se podía hacer nada en el día de reposo y no veían la hora de que llegara el domingo para ir al sepulcro y ungir el cuerpo de Jesús.

Así, temprano el domingo por la mañana, aun antes que amaneciera, salieron hacia el huerto donde estaba sepultado Jesús. En el camino se preguntaban cómo iban a quitar la piedra de la tumba porque sabían que era grande y pesada. Cuando llegaron, vieron que la piedra ya había sido quitada. Y cuando entraron a la tumba el cuerpo de Jesús ¡no estaba allí! ¡La tumba estaba vacía!

Las mujeres no sabían qué pensar. No tenían idea lo que podría haber pasado. De pronto, dos ángeles se pararon junto a ellas. Tenían ropa muy blanca y brillante. Las mujeres tuvieron tanto miedo que se inclinaron hasta tocar el suelo con su frente. Los ángeles les dijeron: "¿Por qué buscan entre los muertos al que está vivo? Recuerden que les dijo en Galilea que sería entregado a hombres malvados que lo matarían en una cruz, pero que al tercer día iba a resucitar."

Sí, ahora recordaron esas palabras, y salieron corriendo para contarles todo lo que había sucedido a los once discípulos y otros seguidores de Jesús que estaban juntos reunidos. Les dijeron, muy emocionadas: "¡Encontramos la tumba vacía! ¡Y vimos a dos ángeles que nos dijeron que Jesús está vivo! aunque no lo vimos a él." Pero los discípulos no creyeron lo que ellas decían, porque les parecía una tontería. Era tan vívida la imagen de Jesús sobre la cruz que ellos se habían olvidado que Jesús les había dicho claramente que volvería a la vida.

Pedro y Juan corren a la tumba
Juan 20 - El huerto

Sin embargo, Pedro y Juan querían ver por sí mismos y salieron corriendo hacia la tumba. Quedaba a unos dos kilómetros de distancia pero estaban tan ansiosos de saber si era verdad lo que habían dicho las mujeres que corrieron todo el camino. Juan era más joven así que llegó primero al sepulcro. Se quedó en la entrada y al mirar hacia adentro, vio las telas con que habían envuelto el cuerpo de Jesús pero el cuerpo no estaba allí. Entonces llegó Pedro quien entró adentro del sepulcro y Juan le siguió. Allí estaban las vendas y también la tela con que habían envuelto la cabeza de Jesús colocada en un lugar aparte. No vieron ángeles. Pedro y Juan aún no creían que Jesús hubiera resucitado y estuviera vivo. Emprendieron el viaje de regreso lentamente, muy desanimados.

María Magdalena va a la tumba
Juan 20 - El huerto

María Magdalena estaba tan emocionada por lo que había visto que quiso volver al sepulcro. Al llegar, le caían las lágrimas, de hecho, había llorado mucho estos últimos tres días. Amaba tanto a Jesús y ahora ya no estaba. Él había hecho que su vida cambiara muchísimo y lo extrañaba mucho.

No entendía que Jesús estaba vivo porque se había asustado tanto cuando vio los ángeles que en realidad no prestó mucha atención a lo que habían dicho. Jesús no estaba en la tumba y María no sabía dónde estaba.

Luego se animó a acercarse y mirar dentro del sepulcro y vio a dos hermosos ángeles vestidos de blanco. Estaban sentados, uno donde había estado la cabeza de Jesús y el otro donde habían estado sus pies.

Los ángeles le preguntaron: "Mujer, ¿por qué estás llorando?"

Ella les respondió: "Porque alguien se ha llevado el cuerpo de mi Señor, y no sé dónde lo habrá puesto." Apenas dijo esto, volvió la cara y vio a Jesús allí, pero no sabía que era él.

Jesús le dijo: "Mujer, ¿por qué lloras? ¿A quién buscas?"

María pensó que estaba hablando con él que cuidaba el jardín donde estaba la tumba. Por eso le dijo: "Señor, si usted se ha llevado el cuerpo que estaba en esta tumba, dígame dónde lo puso y yo iré a buscarlo."

Jesús le dijo: "María."

Al escuchar su nombre, inmediatamente reconoció a su amado Señor. Se volvió y lo miró atónita y le dijo: "¡Maestro!" María no cabía en sí de gozo. ¡Esto era increíble! Mientras miraba asombrada a Jesús, él le dijo que fuera a decir a los discípulos que él iba a reunirse con su Padre.

Qué feliz se sentía María al volver corriendo a la ciudad. Les dijo a todos los que estaban llorando y haciendo duelo: "¡Está vivo! ¡Está vivo! Lo he visto en el huerto y he hablado con él. Me dijo que les dijera que está vivo y que va a ascender al cielo."

Los discípulos habían estado tan abatidos que casi no se daban cuenta de lo que María decía. Poco a poco empezaron a creer sus palabras y recordar lo que Jesús les había dicho: que volvería a la vida y que lo verían pronto. No se habían dado cuenta de que él era más fuerte que la muerte. Por fin sabían que Jesús es el Señor de la vida.

En camino a Emaús
Lucas 24 - Emaús

Ese mismo día, dos de los seguidores de Jesús iban a Emaús, un pueblo a unos catorce kilómetros de Jerusalén.

Mientras conversaban de todo lo que había pasado, Jesús se les acercó y empezó a caminar con ellos, pero ellos no lo reconocieron. Jesús les preguntó: "¿De qué están hablando que les da tanta tristeza?"

Los dos discípulos se detuvieron; sus rostros se veían tristes, y uno de ellos, llamado Cleofás, le dijo a Jesús: "¿Eres tú el único en Jerusalén que no sabe lo que ha pasado en estos días?" Jesús preguntó: "¿Qué ha pasado?"

Ellos le respondieron: "¡Lo que le han hecho a Jesús, el profeta de Nazaret! Para Dios y para la gente, Jesús hablaba y actuaba con mucho poder. Pero los sacerdotes principales y nuestros líderes lograron que los romanos lo mataran, clavándolo en una cruz. Nosotros esperábamos que él fuera el libertador de Israel. Pero ya hace tres días que murió." Los hombres se entristecieron al pensar en ello.

Luego siguieron: "Esta mañana, algunas de las mujeres de nuestro grupo nos dieron un gran susto. Ellas fueron muy temprano a la tumba, y nos dijeron que no encontraron el cuerpo de Jesús. También nos contaron que unos ángeles se les aparecieron, y les dijeron que Jesús está vivo. Algunos hombres del grupo fueron a la tumba y encontraron todo tal como las mujeres habían dicho. Pero ellos tampoco vieron a Jesús.

Jesús les dijo: "¿Pero no entienden? Todas estas cosas que le sucedieron a Jesús fueron escritas en las Sagradas Escrituras desde hace mucho tiempo. ¿No saben que los profetas profetizaron todos estos acontecimientos? Dios había dispuesto que él debía sufrir y morir por los hombres y luego subir al Cielo en gloria." Y comenzando desde el principio de las Escrituras empezó a decirles todo lo que había sido profetizado sobre él mismo. Cuando se acercaron al pueblo de Emaús, Jesús se despidió de ellos pero los dos discípulos insistieron: "¡Quédate con nosotros! Ya es muy tarde, y pronto el camino estará oscuro." Entonces Jesús se fue a la casa con ellos.

Cleofás y su amigo prepararon algo de cenar. Cuando se sentaron a comer, Jesús tomó el pan, dio gracias a Dios, lo partió y se lo dio a ellos. Entonces de repente los dos discípulos pudieron reconocerlo, pero Jesús en ese instante desapareció. Después de su muerte Jesús podía ir a cualquier sitio sin caminar. ¡Podía atravesar paredes y puertas cerradas!

Los dos hombres se dijeron: "¿No es verdad que, cuando él nos hablaba en el camino y nos explicaba las Escrituras, sentíamos como que un fuego ardía en nuestros corazones?"

Decidieron regresar inmediatamente a Jerusalén para contar a todos que Jesús estaba vivo. Era un camino largo y era oscuro pero no les importó porque sentían la urgencia de contar a los demás lo que les había sucedido. Casi corrían por tantos deseos de contar a todos las noticias tan maravillosas.

En la ciudad encontraron reunidos a los seguidores de Jesús. Estaban tan emocionados de poder contarles a todos de que Jesús estaba vivo y que habían estado con él. Mientras aún estaban hablando de repente Jesús apareció en el medio de la habitación. Les dijo: "¡Reciban la paz de Dios!"

Jesús aparece a los discípulos
Lucas 24 - Jerusalén

Los discípulos y las personas en aquella habitación se asustaron tremendamente. Estaban aterrorizados. Nunca hubieran imaginado que alguien atravesaría la pared y aparecería en la habitación. Habrán pensado que era un fantasma. Jesús quería tranquilizarlos y les dijo: "¿Por qué están tan asustados? Miren mis pies y mis manos. ¡Soy yo! Tóquenme y vean que mi cuerpo está con vida. Los fantasmas no tienen cuerpo."

Y les mostró los huecos de sus manos y pies. Entonces sus seguidores sabían que verdaderamente era su amado Señor. Estaban tan asombrados y felices, casi que no podían creerlo.

Jesús les preguntó: "¿Tienen algo de comer?" Ellos le dieron un trozo de pescado asado, y Jesús se lo comió para demostrarles que estaba vivo. Después les dijo: "Recuerden lo que les dije cuando estaba con ustedes, que tenía que cumplirse todo lo que dicen las Escrituras acerca de mí."

Entonces les explicó las Escrituras con palabras fáciles, para que pudieran entenderlas. "Para esto sufrí, morí y resucité al tercer día para que los que se arrepientan de sus pecados puedan ser perdonados. Vayan y prediquen a las naciones, comenzando en Jerusalén. Ustedes que han estado conmigo y han visto todas estas cosas deben contarlas al mundo. Les enviaré el Espíritu Santo como prometí. Él les ayudará en todas las cosas."

Qué alegría inmensa poder escuchar hablar nuevamente a Jesús. Ya no estarían tristes y temerosos sabiendo que su amado estaba vivo. Jesús era más fuerte que la muerte, la cual había entrado al mundo cuando Adán pecó. Jesús, al resucitar, consiguió la vida eterna para todos los que lo aman.

Jesús se reúne con sus amigos
Juan 20 - Jerusalén

Uno de los discípulos no estaba presente con el grupo cuando Jesús se les presentó. Faltaba Tomás. Cuando los otros le dijeron que habían visto al Señor no les creyó. Les dijo: "No creeré a menos que vea la marca de los clavos en sus manos, y meta mi dedo en el lugar de los clavos y mi mano en su costado."

Ocho días después, los discípulos estaban reunidos otra vez en la casa. Tomás ahora estaba con ellos. Las puertas de la casa estaban bien cerradas, pero Jesús entró, se puso en medio de ellos, y los saludó diciendo: "¡Que Dios los bendiga y les dé paz!"

Luego le dijo a Tomás: "Mira mis manos y mi costado, y mete tus dedos en las heridas. Y en vez de dudar, debes creer." Tomás contestó: "¡Tú eres mi Señor y mi Dios!" Jesús le dijo: "¿Creíste porque me viste? ¡Felices los que confían en mí sin haberme visto!"

Los discípulos regresan a Galilea
Juan 21 - Galilea

Los discípulos y amigos de Jesús estaban en Jerusalén porque habían acompañado a Jesús a celebrar la fiesta allí. Después de unos días ya debían regresa a su casa en Galilea. Jesús le había dicho a María Magdalena que se encontraría con sus discípulos allí. Y así lo hizo.

Sucedió así: varios de los discípulos eran pescadores. Un día cuando estaban juntos Simón Pedro, Tomás, Natanael, que era del pueblo de Caná de Galilea, Santiago y Juan, hijos de Zebedeo, y otros dos discípulos de Jesús, Pedro les dijo que iba a pescar y los demás quisieron acompañarlo.

Todos subieron a una barca y remando en el lago se pusieron a pescar. Pero esa noche no pudieron pescar nada. En la madrugada, Jesús estaba de pie a la orilla del lago, pero los discípulos no sabían que era él. Jesús les preguntó: "Amigos, ¿pescaron algo?"

"¡No, nada!" respondieron ellos. Jesús les dijo: "Echen la red por el lado derecho de la barca, y pescarán algo."

Los discípulos obedecieron, y después no podían sacar la red del agua, por la cantidad tan grande de peces en la red.

Entonces Juan se dio cuenta que lo que había sucedido era un milagro y que era Jesús el que estaba en la playa, así que le dijo a Pedro: "¡Es el Señor!"

Cuando Simón Pedro oyó que se trataba del Señor, se puso la ropa que se había quitado para trabajar, y se tiró al agua. Los otros discípulos llegaron a la orilla en la barca, arrastrando la red llena de pescados, pues estaban sólo a unos cien metros de la playa.

Cuando llegaron a tierra firme, vieron una fogata, con un pescado encima, y pan. Jesús les dijo: "Traigan algunos de los peces que acaban de sacar."

Simón Pedro subió a la barca y arrastró la red hasta la playa. Estaba repleta, pues tenía ciento cincuenta y tres peces grandes. Y a pesar de tantos peces, la red no se rompió.

Jesús les dijo: "Vengan a desayunar." Ninguno de los discípulos se atrevía a preguntarle quién era; ¡bien sabían que era el Señor Jesús! Jesús se acercó, tomó el pan y se lo dio a ellos. Hizo lo mismo con el pescado.

Esa fue la tercera vez que Jesús se aparecía a sus discípulos después de haber resucitado.

Jesús habla con Pedro
Juan 21 - Galilea

Cuando terminaron de desayunar, Jesús le preguntó a Simón Pedro: "Simón, hijo de Juan, ¿me amas? Él le respondió: "Sí, Señor. Tú sabes que te amo." Jesús le dijo: "Entonces cuida de mis seguidores, pues son como pequeños corderos."

Jesús volvió a preguntarle: "Simón, hijo de Juan, ¿me amas?"

Pedro le contestó: "Sí, Señor. Tú sabes que te amo." Jesús le dijo: "Entonces cuida de mis seguidores, pues son como ovejas."

Por tercera vez le dijo: "Simón, hijo de Juan, ¿me amas?"

Pedro se puso muy triste de que tres veces le había preguntado si lo quería. Entonces le contestó: "Señor, tú lo sabes todo; tú sabes que te amo." Jesús le dijo: "Cuida de mis ovejas."

Pedro se dio cuenta que Jesús estaba recordando la noche que él lo había negado tres veces. Pero Jesús no quería que se sintiera culpable y triste por ello. En adelante Pedro no iba a recordar que había negado a Jesús tres veces sino que recordaría que había afirmado tres veces que lo amaba. Jesús tenía una gran obra que debía cumplir Pedro y cuando las cosas se pusieran difíciles Pedro no flaquearía porque recordaría la promesa que le había hecho al Señor tres veces.

Jesús es visto muchas veces
Mateo 28 - Galilea

Jesús se apareció a sus amigos varias veces después que salió de la tumba. Una vez los discípulos estaban juntos sobre un monte en Galilea y cuando vieron a Jesús, le adoraron.

Jesús se acercó a ellos y les dijo: "Dios me ha dado toda autoridad en el cielo y en la tierra. Vayan, pues, a las gentes de todas las naciones, y hagan de ellas mis discípulos; bautícenlas en el nombre del Padre, del Hijo y del Espíritu Santo, y enséñenles a obedecer todo lo que les he mandado a ustedes. Les aseguro que yo estaré con ustedes todos los días, hasta el fin del mundo."

Esta promesa les animó mucho a los discípulos que aún estaban desconcertados de cómo iban a poder vivir sin Jesús y qué era lo que debían hacer. Ahora se quedaron tranquilos sabiendo que Jesús siempre, cada día, iba a estar con ellos. No estarían solos nunca.

Es cierto que Jesús tuvo enemigos que no querían creer en él, pero había muchos que sí se dieron cuenta que era Hijo de Dios. De hecho Jesús en una oportunidad se apareció a más de quinientas personas que se habían reunido para hablar de su fe en él.

Pero la última vez que verían a Jesús sería en las afueras de Jerusalén, en el monte de los Olivos. Cuarenta días después de su resurrección había otra fiesta judía y Jesús convocó a los discípulos y sus amigos a estar en Jerusalén para ese tiempo.

Jesús sube al cielo
Lucas 24, Hechos 1 - Betania

Jesús llevó a sus seguidores fuera de Jerusalén, hasta el monte de los Olivos. Allí les dijo que deberían esperar en Jerusalén hasta que viniera sobre ellos el Espíritu Santo. "En pocos días serán bautizados con el Espíritu Santo. Él les dará poder, que ahora no tienen, para salir y dar testimonio de mí, en Jerusalén, en toda la región de Judea y de Samaria, y hasta en las partes más lejanas de la tierra."

Y levantando las manos, los bendijo. Mientras los estaba bendiciendo, se separó de ellos, elevándose, y mientras ellos lo estaban mirando, fue llevado al cielo, cada vez más alto hasta que una nube lo envolvió y no lo volvieron a ver. Sus seguidores siguieron mirando por si una vez más lo pudieran ver. Qué manera gloriosa de subir al Cielo. Aunque no lo veían sentían que aún él estaba con ellos.

Mientras miraban fijamente al cielo, viendo cómo Jesús se alejaba, dos ángeles vestidos de blanco se aparecieron junto a ellos y les dijeron: "Hombres de Galilea, ¿por qué se han quedado mirando al cielo? Este mismo Jesús que estuvo entre ustedes y que ha sido llevado al Cielo, vendrá otra vez de la misma manera que lo han visto irse allá."

Los seguidores se arrodillaron y adoraron a su amado. Luego regresaron muy felices a Jerusalén; y estaban en el área del templo alabando continuamente a Dios. También se reunían en alguna casa para orar. Pasaban mucho tiempo orando porque cuando oraban sentían que Jesús estaba en medio de ellos.

Sus seguidores, después de recibir el poder del Espíritu Santo salieron a anunciar el mensaje de salvación por todas partes. El Señor los ayudaba y confirmaba el mensaje con milagros que lo acompañaban.

Jesús hizo muchas otras cosas pero no fueron registradas. Algún día las sabremos. Pero lo que sí sabemos es suficiente para conocerlo y creer en él.

El Señor Jesús fue llevado a los Cielos y se sentó a la derecha de Dios Padre.

Y así termina la historia de Jesús en la Tierra. ¿Verdad que ha sido una historia maravillosa? Jesús es maravilloso y todo lo que hace es maravilloso. No hay nadie como él porque él es Dios y por lo tanto puede hacer milagros y cualquier cosa. Nada le es imposible. Pero aún más grandioso es que él nos ama y quiere estar siempre con nosotros.

Ahora, en realidad la historia de Jesús no tiene fin y nunca tendrá fin porque él vive para siempre y pronto lo veremos. Muy pronto vendrá nuevamente a la Tierra. Mientras tanto debemos recordar todos los días que Jesús está con nosotros. No solamente es nuestro Salvador sino que es nuestro mejor Amigo que nunca nos defraudará. Todo lo contrario, nos guiará siempre por el mejor camino para que no nos equivoquemos nunca y podamos vivir seguros y llevar una vida de grandes logros.

Nuestra vida aquí en la Tierra es sólo el comienzo de una vida que no tiene fin. Cuando hayamos cumplido nuestros días aquí, y si amamos al Señor de todo corazón, viviremos por siempre con él en el Cielo. Es lo que llamamos tener vida eterna porque no terminará nunca.

El Cielo es un lugar perfecto donde no hay nada malo ni feo ni triste y ¡no estaremos aburridos nunca! Estar con Jesús es lo más bonito.

Si él vive en tu corazón puedes estar seguro de que estarás en el Cielo con él, y con todos los que le aman, cuando sea tu tiempo. Su muerte aquí en la Tierra lo hizo posible. ¡Qué maravillosa esperanza Jesús nos ha dado!

*****

Estimado Lector:

Nos interesan mucho tus comentarios y opiniones sobre esta obra. Por favor ayúdanos comentando sobre este libro. Puedes hacerlo dejando una reseña en la tienda donde lo has adquirido.

Puedes también escribirnos por correo electrónico a la dirección **info@editorialimagen.com.**

Si deseas más libros como éste puedes visitar el sitio web de **Editorialimagen.com** para ver los nuevos títulos disponibles y aprovechar los descuentos y precios especiales que publicamos cada semana.

Allí mismo puedes contactarnos directamente si tienes dudas, preguntas o cualquier sugerencia. ¡Esperamos saber de ti!

Más Libros de Interés

Esteban Vence sus Miedos y Conoce al Mejor Súper Héroe

Este libro ilustrado a color relata varias aventuras del pequeño Esteban. En una oscura noche, el miedo se apoderó de él, pero luego conoció a alguien que cambió su vida para siempre. conoció al mejor Súper Héroe, ¡uno real! Descubre tú mismo de quién se trata…

Amigo de Dios - Un libro ilustrado para niños que desean estar más cerca de Dios.

Descubre cómo ser amigo de Dios a través de historias ilustradas sencillas y divertidas. Contiene historias bíblicas tales como "El Tesoro Escondido" y un cuento para niños sobre el valor del dar: "Regalos del Corazón".

Creciendo con Dios

En este libro de lecciones bíblicas el niño podrá aprender los cinco escalones de la salvación, quién es Dios, qué es la Biblia y el camino hacia la victoria espiritual. Contiene dibujos para colorear y textos bíblicos para facilitar el aprendizaje.

Milena - La Princesita Viajera

Este libro ilustrado a color cuenta varias aventuras de Milena, una niña a la que le encanta viajar por el mundo. De la serie Cuentos para Niños, este libro es perfecto para aquellos padres que buscan cuentos infantiles ilustrados para los más pequeños.

Mi amigo extraterrestre

Este libro relata una de las tantas aventuras de Tomás, un niño al que le encanta jugar. Tomás decide leer un libro, cuando de repente recibe una visita inesperada. Lo que sigue son simplemente más aventuras y sorpresas, las cuales ayudan a que Tomás se dé cuenta de algo muy importante al final.

Autos Súper Deportivos - Descubre los automóviles más fascinantes del mundo

Este no es un libro común: Es un "Libro Juego". Este libro pondrá a prueba tus conocimientos sobre automóviles y te irá enseñando todavía más cada vez que lo juegues. ¿Cómo se juega? Muy sencillo. Déjame explicarte. Cada capítulo empieza con datos reales de un automóvil en particular. Al final del mismo tendrás tres opciones para escoger de qué auto estamos hablando.

El misterio de la casa abandonada - ¡El primer libro de aventuras para niños y adolescentes donde tú eres el verdadero protagonista!

En esta oportunidad tu tío, un detective que trabaja para la policía de tu ciudad, te invita a participar en una investigación relacionada con extraños sucesos que están ocurriendo en las cercanías de una casa abandonada. ¿Por qué la casa está desierta? ¿Qué es esa sombra que viste pasar rápidamente? Descúbrelo en este libro lleno de acción y aventuras.

*****

www.ingramcontent.com/pod-product-compliance
Lightning Source LLC
LaVergne TN
LVHW081536060526
838200LV00048B/2102